象棋
实用残局大全

刘锦祺　编著

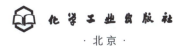

·北京·

图书在版编目（CIP）数据

象棋实用残局大全/刘锦祺编著．—北京：化学工业出版社，2021.8（2025.6重印）
ISBN 978-7-122-39366-1

Ⅰ.①象… Ⅱ.①刘… Ⅲ.①中国象棋-残局（棋类运动） Ⅳ.①G891.2

中国版本图书馆CIP数据核字（2021）第118862号

责任编辑：杨松淼　　　　　　　　装帧设计：李子姮
责任校对：王素芹

出版发行：化学工业出版社（北京市东城区青年湖南街13号　邮政编码100011）
印　　装：涿州市般润文化传播有限公司
710mm×1000mm 1/16　印张23　字数210千字　2025年6月北京第1版第6次印刷

购书咨询：010-64518888　　　　　售后服务：010-64518899
网　　址：http：//www.cip.com.cn
凡购买本书，如有缺损质量问题，本社销售中心负责调换。

定　价：59.80元　　　　　　　　　　　　　　　　版权所有　违者必究

第126局　低兵底兵例和单士象（2）/ 070
第127局　双低兵（异侧）例胜双士（1）/ 071
第128局　双低兵（异侧）例胜双士（2）/ 071
第129局　双低兵（异侧）不胜双士 / 072
第130局　双低兵（同侧）不胜双士（1）/ 073
第131局　双低兵（同侧）不胜双士（2）/ 073
第132局　双低兵（同侧）不胜双士（3）/ 074
第133局　双低兵（同侧）不胜双士（4）/ 074
第134局　双低兵（同侧）不胜双士（5）/ 075
第135局　双低兵（同侧）巧胜双士（1）/ 075
第136局　双低兵（同侧）巧胜双士（2）/ 076
第137局　双低兵（同侧）巧胜双士（3）/ 076
第138局　双低兵（异侧）例胜双象（1）/ 077
第139局　双低兵（异侧）例胜双象（2）/ 077
第140局　双低兵（同侧）巧胜双象 / 078
第141局　双低兵（异侧）例和双象（1）/ 078
第142局　双低兵（异侧）例和双象（2）/ 079
第143局　双低兵（同侧）例和双象（1）/ 079
第144局　双低兵（同侧）例和双象（2）/ 080
第145局　双低兵（异侧）巧胜单士象 / 080
第146局　双低兵（异侧）不胜单士象 / 081
第147局　双低兵（同侧）不胜单士象（1）/ 081
第148局　双低兵（同侧）不胜单士象（2）/ 082
第149局　双低兵（异侧）相例胜单士象 / 082
第150局　双低兵（同侧）相不胜单士象 / 083
第151局　高低兵例胜双士 / 083
第152局　高低兵例胜双象 / 084
第153局　高低兵相例和单士象 / 084
第154局　高低兵巧胜单士象 / 085
第155局　高低兵例和单缺士 / 085
第156局　高低兵巧胜单缺士 / 086
第157局　高低兵例和单缺象 / 086
第158局　高低兵巧胜单缺象 / 087
第159局　高低兵仕不胜卒单士 / 087
第160局　高低兵仕巧胜卒单士 / 088
第161局　双低兵仕巧胜卒单士 / 088
第162局　高低兵仕巧胜卒单象 / 089
第163局　双高兵不胜卒单象 / 089

第164局　高低兵巧胜卒单象 / 090
第165局　双低兵例和卒单士象 / 090
第166局　双高兵例和卒单士象 / 091
第167局　双低兵仕例和卒单士象 / 091
第168局　双低兵仕巧胜卒单士象 / 092
第169局　双高兵例胜单马 / 092
第170局　双低兵例胜单马 / 093
第171局　单马巧和双低兵 / 093
第172局　单马巧和高低兵 / 094
第173局　高低兵巧胜单马 / 094
第174局　双高兵例和马单士 / 094
第175局　高低兵例和马单士 / 095
第176局　双低兵例和马单士 / 096
第177局　高低兵巧胜马单士 / 096
第178局　双低兵巧胜马单士 / 097
第179局　高低兵相例和马单象 / 097
第180局　双低兵巧胜马单象 / 098
第181局　高低兵例胜单炮（1）/ 098
第182局　高低兵例胜单炮（2）/ 099
第183局　单炮巧和高低兵（1）/ 099
第184局　单炮巧和高低兵（2）/ 100
第185局　高低兵例和炮单士（1）/ 100
第186局　高低兵例和炮单士（2）/ 101
第187局　高低兵巧胜炮单士 / 102
第188局　双高兵例和炮单象（1）/ 102
第189局　双高兵例和炮单象（2）/ 103
第190局　高低兵巧胜炮单象 / 103

六、马兵类残局 / 104

第191局　马低兵例胜单马 / 104
第192局　马低兵例和单炮 / 105
第193局　马低兵巧胜单炮 / 105
第194局　马低兵例胜双士 / 106
第195局　马底兵例胜双士（1）/ 106
第196局　马底兵例胜双士（2）/ 107
第197局　马底兵例胜双士（3）/ 107
第198局　马底兵例胜双士（4）/ 108

第 199 局　马底兵例胜单象 / 109
第 200 局　马低兵例胜双象 / 109
第 201 局　马底兵例和双象 / 110
第 202 局　马底兵巧胜双象（1）/ 110
第 203 局　马底兵巧胜双象（2）/ 111
第 204 局　马高兵例胜双象（1）/ 111
第 205 局　马高兵例胜双象（2）/ 112
第 206 局　马低兵例胜单士象 / 112
第 207 局　马底兵例胜单士象（1）/ 113
第 208 局　马底兵例胜单士象（2）/ 113
第 209 局　马底兵例胜单士象（3）/ 114
第 210 局　马底兵例胜单士象（4）/ 114
第 211 局　马底兵例胜单士象（5）/ 115
第 212 局　马底兵例胜单士象（6）/ 115
第 213 局　马底兵例和单缺士（1）/ 116
第 214 局　马底兵例和单缺士（2）/ 116
第 215 局　马底兵巧胜单缺士 / 117
第 216 局　马低兵例和单缺士 / 117
第 217 局　马低兵巧胜单缺士（1）/ 118
第 218 局　马低兵巧胜单缺士（2）/ 118
第 219 局　马低兵巧胜单缺士（3）/ 119
第 220 局　马低兵例和单缺象（1）/ 119
第 221 局　马低兵例和单缺象（2）/ 120
第 222 局　马低兵巧胜单缺象（1）/ 120
第 223 局　马低兵巧胜单缺象（2）/ 121
第 224 局　马低兵巧胜单缺象（3）/ 121
第 225 局　马低兵巧胜单缺象（4）/ 122
第 226 局　马高兵例胜单缺象 / 122
第 227 局　马高兵例和士象全（1）/ 123
第 228 局　马高兵例和士象全（2）/ 123
第 229 局　马高兵巧胜士象全（1）/ 124
第 230 局　马高兵巧胜士象全（2）/ 125
第 231 局　马高兵巧胜士象全（3）/ 125
第 232 局　马低兵例和士象全（1）/ 125
第 233 局　马低兵例和士象全（2）/ 126
第 234 局　马低兵例和士象全（3）/ 127
第 235 局　马低兵巧胜士象全（1）/ 127
第 236 局　马低兵巧胜士象全（2）/ 128

第 237 局　马低兵巧胜士象全（3）/ 128
第 238 局　马低兵巧胜士象全（4）/ 129
第 239 局　马低兵例胜单马（1）/ 130
第 240 局　马低兵例胜单马（2）/ 130
第 241 局　马低兵例和马单士（1）/ 131
第 242 局　马低兵例和马单士（2）/ 131
第 243 局　马低兵巧胜马单士 / 132
第 244 局　马低兵例和马单象（1）/ 132
第 245 局　马低兵例和马单象（2）/ 133
第 246 局　马低兵巧胜马单象（1）/ 133
第 247 局　马低兵巧胜马单象（2）/ 134
第 248 局　马低兵例和单炮 / 134
第 249 局　马低兵巧胜单炮（1）/ 135
第 250 局　马低兵巧胜单炮（2）/ 135
第 251 局　马低兵例和炮士（1）/ 136
第 252 局　马低兵例和炮单士（2）/ 136
第 253 局　马低兵巧胜炮单士（1）/ 137
第 254 局　马低兵巧胜炮单士（2）/ 137
第 255 局　马低兵巧胜炮单士（3）/ 138
第 256 局　马低兵例和炮单象 / 138
第 257 局　马低兵巧胜炮单象 / 139
第 258 局　马低兵例和炮双士（1）/ 139
第 259 局　马低兵例和炮双士（2）/ 140
第 260 局　马低兵例和炮双士（3）/ 140
第 261 局　马低兵巧胜炮双士 / 141
第 262 局　马低兵例和炮双象（1）/ 141
第 263 局　马低兵例和炮双象（2）/ 142
第 264 局　马低兵巧胜炮双象 / 142

七、炮兵类残局 / 143

第 265 局　炮底兵例和单将 / 143
第 266 局　炮底兵巧胜单将 / 143
第 267 局　炮底兵例和单士 / 143
第 268 局　炮底兵例和单象 / 144
第 269 局　炮底兵仕例胜单士 / 144
第 270 局　炮底兵仕例胜单象 / 145
第 271 局　炮底兵相例和单象 / 146

第 272 局　炮底兵巧胜双士 / 146
第 273 局　炮低兵例胜单士（1）/ 147
第 274 局　炮低兵例胜单士（2）/ 147
第 275 局　炮低兵例和单象（1）/ 148
第 276 局　炮低兵例和单象（2）/ 148
第 277 局　炮低兵巧胜单象（1）/ 149
第 278 局　炮低兵巧胜单象（2）/ 149
第 279 局　炮低兵仕例胜单象（1）/ 150
第 280 局　炮低兵仕例胜单象（2）/ 150
第 281 局　炮低兵相例和单象 / 151
第 282 局　炮低兵相巧胜单象 / 151
第 283 局　炮低兵仕例胜单士象（1）/ 152
第 284 局　炮低兵仕例胜单士象（2）/ 152
第 285 局　炮低兵相例和单士象 / 153
第 286 局　炮低兵相巧胜单士象（1）/ 153
第 287 局　炮低兵相巧胜单士象（2）/ 154
第 288 局　炮低兵仕例胜双士（1）/ 154
第 289 局　炮低兵仕例胜双士（2）/ 155
第 290 局　炮低兵仕例胜双象（1）/ 155
第 291 局　炮低兵仕例胜双象（2）/ 156
第 292 局　炮低兵双相例和双象 / 156
第 293 局　炮低兵仕例胜单缺士（1）/ 157
第 294 局　炮低兵仕例胜单缺士（2）/ 157
第 295 局　炮低兵仕例胜单缺象 / 158
第 296 局　炮低兵双相例和单缺士 / 158
第 297 局　炮低兵双相巧胜单缺士 / 159
第 298 局　炮低兵双相例和单缺象 / 159
第 299 局　炮低兵双相巧胜单缺象 / 160
第 300 局　炮低兵仕相全例和士象全 / 160
第 301 局　炮低兵仕相全巧胜士象全（1）/ 161
第 302 局　炮低兵仕相全巧胜士象全（2）/ 161
第 303 局　炮低兵仕相全巧胜士象全（3）/ 162
第 304 局　炮低兵单仕相例胜单士象（1）/ 162
第 305 局　炮低兵单仕相例胜单士象（2）/ 163
第 306 局　炮高兵例胜单士 / 163
第 307 局　炮高兵例胜单象（1）/ 164
第 308 局　炮高兵例胜单象（2）/ 164
第 309 局　炮高兵例胜双士（1）/ 165

第 310 局　炮高兵例胜双士（2）/ 165
第 311 局　炮高兵例和双象（1）/ 166
第 312 局　炮高兵例和双象（2）/ 166
第 313 局　炮高兵巧胜双象（1）/ 167
第 314 局　炮高兵巧胜双象（2）/ 167
第 315 局　炮高兵仕例胜双象（1）/ 168
第 316 局　炮高兵仕例胜双象（2）/ 168
第 317 局　炮高兵相例胜双象（1）/ 169
第 318 局　炮高兵相例胜双象（2）/ 170
第 319 局　炮高兵例和单士象 / 170
第 320 局　炮高兵巧胜单士象（1）/ 171
第 321 局　炮高兵巧胜单士象（2）/ 171
第 322 局　炮高兵仕例胜单士象 / 172
第 323 局　炮高兵相例胜单士象 / 172
第 324 局　炮高兵仕例胜单缺象 / 173
第 325 局　炮高兵相例胜单缺象（1）/ 173
第 326 局　炮高兵相例胜单缺象（2）/ 174
第 327 局　炮高兵双相例胜单缺士 / 174
第 328 局　炮高兵巧胜边卒 / 175
第 329 局　炮高兵例和单马 / 175
第 330 局　炮高兵仕例胜单马 / 176
第 331 局　炮高兵相例和单马 / 176
第 332 局　炮高兵双仕例胜马单士 / 177
第 333 局　炮双仕例和马单象 / 177
第 334 局　炮双仕例和马双士 / 178
第 335 局　炮双相例和马单士 / 178
第 336 局　炮高兵单缺仕例和马单士象 / 179
第 337 局　炮高兵例和单炮（1）/ 179
第 338 局　炮高兵例和单炮（2）/ 180
第 339 局　炮高兵巧胜单炮（1）/ 180
第 340 局　炮高兵巧胜单炮（2）/ 181
第 341 局　炮高兵仕例胜单炮 / 181
第 342 局　炮高兵仕例胜炮单士 / 182

八、车兵类残局 / 183

第 343 局　车底兵例胜士象全（1）/ 183
第 344 局　车底兵例胜士象全（2）/ 183

第 345 局　车低兵例胜马单缺象 / 184
第 346 局　车低兵例胜马单缺士（1）/ 185
第 347 局　车低兵例胜马单缺士（2）/ 185
第 348 局　车低兵例胜马士象全（1）/ 186
第 349 局　车低兵例胜马士象全（2）/ 186
第 350 局　车底兵例胜炮双士 / 187
第 351 局　车底兵例胜炮双象 / 187
第 352 局　车低兵例胜炮单缺士 / 188
第 353 局　车低兵例胜炮单缺象 / 189
第 354 局　车低兵例和炮士象全（1）/ 189
第 355 局　车低兵例和炮士象全（2）/ 190
第 356 局　车低兵巧胜炮士象全（1）/ 190
第 357 局　车低兵巧胜炮士象全（2）/ 191
第 358 局　车低兵例胜双炮单士 / 192
第 359 局　车高兵例胜双炮双象 / 192
第 360 局　车低兵例和双炮双象 / 193
第 361 局　车低兵巧胜双炮双象 / 193
第 362 局　车低兵例胜双马双士 / 194
第 363 局　车低兵双相例胜双马双士 / 194
第 364 局　车低兵相例胜双马双象 / 195
第 365 局　车底兵例和单车 / 195
第 366 局　车底兵巧胜单车（1）/ 196
第 367 局　车底兵巧胜单车（2）/ 196
第 368 局　车低兵仕例和车单士（1）/ 197
第 369 局　车低兵仕例和车单士（2）/ 198
第 370 局　车低兵仕巧胜车单士（1）/ 198
第 371 局　车低兵仕巧胜车单士（2）/ 199
第 372 局　车高兵例和车单士（1）/ 199
第 373 局　车高兵例和车单士（2）/ 200
第 374 局　车高兵双仕巧胜车单士 / 200
第 375 局　车低兵例和车单象（1）/ 201
第 376 局　车低兵例和车单象（2）/ 202
第 377 局　车低兵巧胜车单象（1）/ 202
第 378 局　车低兵巧胜车单象（2）/ 203
第 379 局　车低兵仕例和车双士 / 203
第 380 局　车低兵仕巧胜车双士（1）/ 204
第 381 局　车低兵仕巧胜车双士（2）/ 204
第 382 局　车低兵相例胜车双象 / 205

第 383 局　车低兵双相例胜车双象（1）/ 205
第 384 局　车低兵双相例胜车双象（2）/ 206

九、双马类残局 / 207

第 385 局　双马例胜双士 / 207
第 386 局　双马例胜双象 / 207
第 387 局　双马例胜单缺士 / 208
第 388 局　双马例胜单缺象 / 208
第 389 局　双马例胜士象全 / 209
第 390 局　双马例胜马双士（1）/ 210
第 391 局　双马例胜马双士（2）/ 210
第 392 局　双马例胜马双象 / 211
第 393 局　双马相例胜炮双士（1）/ 211
第 394 局　双马相例胜炮双士（2）/ 212
第 395 局　双马例胜炮双象（1）/ 212
第 396 局　双马例胜炮双象（2）/ 213

十、双炮类残局 / 214

第 397 局　双炮例胜双士 / 214
第 398 局　双炮例和双象 / 214
第 399 局　双炮仕例胜双象 / 215
第 400 局　双炮相例和双象 / 215
第 401 局　双炮双相例胜双象（1）/ 216
第 402 局　双炮双相例胜双象（2）/ 216
第 403 局　双炮双相例胜士象全（1）/ 217
第 404 局　双炮双相例胜士象全（2）/ 217
第 405 局　双炮仕例胜士象全（1）/ 218
第 406 局　双炮仕例胜士象全（2）/ 219
第 407 局　双炮双仕例胜马双士（1）/ 219
第 408 局　双炮双仕例胜马双士（2）/ 220
第 409 局　双炮双仕例和马双象 / 220
第 410 局　双炮双相例和马双象 / 220
第 411 局　双炮仕相全例胜马双象 / 221
第 412 局　双炮例和单炮 / 222
第 413 局　双炮巧胜单炮 / 222
第 414 局　双炮仕例胜单炮 / 223

第 415 局　双炮相例和单炮 / 223
第 416 局　双炮仕例胜炮双士（1）/ 224
第 417 局　双炮仕例胜炮双士（2）/ 224
第 418 局　双炮仕例胜炮双士（3）/ 225
第 419 局　双炮双仕例胜炮双士 / 225
第 420 局　双炮相例和炮双士 / 226
第 421 局　双炮相巧胜炮双士 / 226
第 422 局　双炮仕相全例和炮双象 / 227

十一、马炮类残局 / 228

第 423 局　马炮例胜双士（1）/ 228
第 424 局　马炮例胜双士（2）/ 228
第 425 局　马炮例胜双象（1）/ 229
第 426 局　马炮例胜双象（2）/ 229
第 427 局　马炮例胜单缺士 / 230
第 428 局　马炮例胜单缺象 / 230
第 429 局　马炮例胜士象全 / 231
第 430 局　马炮例胜单马 / 232
第 431 局　马炮单仕例胜马单士 / 232
第 432 局　马炮单仕相例胜马双士 / 233
第 433 局　马炮单缺仕例胜马双象（1）/ 233
第 434 局　马炮单缺仕例胜马双象（2）/ 234
第 435 局　马炮单缺仕例胜马双象（3）/ 234
第 436 局　马炮仕相全例胜马单缺象（1）/ 235
第 437 局　马炮仕相全例胜马单缺象（2）/ 235
第 438 局　马炮仕相全例胜马单缺象（3）/ 236
第 439 局　马炮仕相全例胜马单缺象（4）/ 236
第 440 局　马炮仕相全例胜马单缺士 / 237
第 441 局　马炮单缺仕例胜马单缺士 / 238
第 442 局　马炮仕相全例胜马士象全（1）/ 238
第 443 局　马炮仕相全例胜马士象全（2）/ 239
第 444 局　马炮仕相全例胜马士象全（3）/ 239
第 445 局　马炮仕相全例胜马士象全（4）/ 240
第 446 局　马炮仕相全例胜马士象全（5）/ 240
第 447 局　马炮例胜炮单士 / 241
第 448 局　马炮例胜炮单象（1）/ 241
第 449 局　马炮例胜炮单象（2）/ 242

第 450 局　马炮例胜炮双士（1）/ 242
第 451 局　马炮例胜炮双士（2）/ 243
第 452 局　马炮例胜炮双士（3）/ 243
第 453 局　马炮例胜炮双士（4）/ 244
第 454 局　马炮例胜炮双士（5）/ 244
第 455 局　马炮双仕例胜炮双士 / 245
第 456 局　马炮例胜炮单士象（1）/ 245
第 457 局　马炮例胜炮单士象（2）/ 246
第 458 局　马炮例和炮双象（1）/ 246
第 459 局　马炮例和炮双象（2）/ 247
第 460 局　马炮单缺仕例胜炮双象（1）/ 247
第 461 局　马炮单缺仕例胜炮双象（2）/ 248
第 462 局　马炮仕相全例胜炮单缺士 / 248
第 463 局　马炮单缺仕例胜炮单缺士 / 249
第 464 局　马炮单缺仕例胜炮单缺象 / 249
第 465 局　马炮仕相全例胜炮单缺象 / 250
第 466 局　马炮仕相全例和炮士象全（1）/ 250
第 467 局　马炮仕相全例和炮士象全（2）/ 251
第 468 局　马炮单缺仕巧胜炮士象全（1）/ 251
第 469 局　马炮单缺仕巧胜炮士象全（2）/ 252
第 470 局　马炮单缺仕巧胜炮士象全（3）/ 252
第 471 局　马炮仕相全巧胜炮士象全（1）/ 253
第 472 局　马炮仕相全巧胜炮士象全（2）/ 253

十二、车马类残局 / 255

第 473 局　车马例胜马双士 / 255
第 474 局　车马例胜马双象（1）/ 255
第 475 局　车马例胜马双象（2）/ 256
第 476 局　车马例胜马单缺士 / 256
第 477 局　车马例胜马单缺象 / 257
第 478 局　车马例胜马士象全（1）/ 258
第 479 局　车马例胜马士象全（2）/ 258
第 480 局　车马例胜炮双士（1）/ 259
第 481 局　车马例胜炮双士（2）/ 259
第 482 局　车马例胜炮双象（1）/ 260
第 483 局　车马例胜炮双象（2）/ 260
第 484 局　车马例胜炮单缺士 / 261

第 485 局	车马例胜炮单缺象 / 261		第 523 局	车马双相例胜车双象（3）/ 281
第 486 局	车马双相例胜炮士象全（1）/ 262		第 524 局	车马双相例胜车双象（4）/ 282
第 487 局	车马双相例胜炮士象全（2）/ 262		第 525 局	车马双仕例胜车双象 / 282
第 488 局	车马例胜双马双士（1）/ 263		第 526 局	车马双相例和车单缺象 / 283
第 489 局	车马例胜双马双士（2）/ 263		第 527 局	车马单缺仕例和车单缺象 / 283
第 490 局	车马单仕相例胜双马双象（1）/ 264		第 528 局	车马双仕例和车单缺士 / 284
第 491 局	车马单仕相例胜双马双象（2）/ 264		第 529 局	车马双相例和车士象全 / 284
第 492 局	车马双相例胜双马单缺士 / 265			
第 493 局	车马双相例胜双马单缺象 / 266		**十三、车炮类残局 / 285**	
第 494 局	车马双相例和双马士象全 / 266			
第 495 局	车马单仕相例胜双炮双士 / 267		第 530 局	车炮双相例胜马单缺士 / 285
第 496 局	车马单仕相例胜双炮双象 / 267		第 531 局	车炮双相例胜马单缺象 / 285
第 497 局	车马单仕相例胜双炮单缺士（1）/ 268		第 532 局	车炮双相例胜马士象全（1）/ 286
第 498 局	车马单仕相例胜双炮单缺士（2）/ 268		第 533 局	车炮双相例胜马士象全（2）/ 286
第 499 局	车马例胜双炮单缺象 / 269		第 534 局	车炮双相例胜炮单缺士 / 287
第 500 局	车马例和双炮士象全（1）/ 270		第 535 局	车炮双相例胜炮单缺象 / 287
第 501 局	车马例和双炮士象全（2）/ 270		第 536 局	车炮双相例胜炮士象全 / 288
第 502 局	车马仕例胜马炮双士 / 271		第 537 局	车炮例和单车 / 288
第 503 局	车马例胜马炮双象 / 271		第 538 局	车炮巧胜单车（1）/ 289
第 504 局	车马仕相全例胜马炮单缺士 / 271		第 539 局	车炮巧胜单车（2）/ 290
第 505 局	车马双相例胜马炮单缺士 / 272		第 540 局	车炮巧胜单车（3）/ 290
第 506 局	车马双相例胜马炮单缺象 / 273		第 541 局	车炮难胜车单士（右高士 1）/ 291
第 507 局	车马双相例和马炮士象全（1）/ 273		第 542 局	车炮难胜车单士（右高士 2）/ 292
第 508 局	车马双相例和马炮士象全（2）/ 274		第 543 局	车炮难胜车单士（右高士 3）/ 292
第 509 局	车马双相例胜车单士（1）/ 274		第 544 局	车炮难胜车单士（右高士 4）/ 293
第 510 局	车马双相例胜车单士（2）/ 275		第 545 局	车炮难胜车单士（中士）/ 293
第 511 局	车马双仕例胜车单象（1）/ 275		第 546 局	车炮巧胜车单士（右底士 1）/ 294
第 512 局	车马双仕例胜车单象（2）/ 276		第 547 局	车炮巧胜车单士（右底士 2）/ 294
第 513 局	车马双相例胜车单士象 / 276		第 548 局	车炮巧胜车单士（右底士 3）/ 295
第 514 局	车马双仕例胜车双士（1）/ 277		第 549 局	车炮巧胜车单士（中士）/ 295
第 515 局	车马双仕例胜车双士（2）/ 277		第 550 局	车炮仕例胜车单士 / 296
第 516 局	车马双相例胜车双士（1）/ 278		第 551 局	车炮相例胜车单士 / 296
第 517 局	车马双相例胜车双士（2）/ 278		第 552 局	车炮仕例胜车双士（1）/ 297
第 518 局	车马单缺仕例胜车双士 / 279		第 553 局	车炮仕例胜车双士（2）/ 297
第 519 局	车马相例胜车双象（1）/ 279		第 554 局	车炮相难胜车双士（1）/ 298
第 520 局	车马相例胜车双象（2）/ 280		第 555 局	车炮相难胜车双士（2）/ 298
第 521 局	车马双相例胜车双象（1）/ 280		第 556 局	车炮相难胜车双士（3）/ 299
第 522 局	车马双相例胜车双象（2）/ 281		第 557 局	车炮双相例胜车双士（1）/ 300

第 558 局　车炮双相例胜车双士（2）/300
第 559 局　车炮双仕例胜车双士 /301
第 560 局　车炮例和车单象（1）/301
第 561 局　车炮例和车单象（2）/302
第 562 局　车炮巧胜车单象 /302
第 563 局　车炮相例胜车单象 /303
第 564 局　车炮仕例胜车单象 /303
第 565 局　车炮仕例胜车双象（1）/304
第 566 局　车炮仕例胜车双象（2）/304
第 567 局　车炮双相例和车双象 /305
第 568 局　车炮双相巧胜车双象 /305
第 569 局　车炮单缺相例胜车单缺士 /306
第 570 局　车炮单缺相例胜车单缺象 /306
第 571 局　车炮仕相全例和车士象全 /307
第 572 局　车炮仕相全巧胜车士象全 /307

十四、双车类残局 / 308

第 573 局　双车例胜双马双士（1）/308
第 574 局　双车例胜双马双士（2）/308
第 575 局　双车例胜双马双象（1）/309
第 576 局　双车例胜双马双象（2）/309
第 577 局　双车例胜双马单缺士 /310
第 578 局　双车例胜双马单缺象 /310
第 579 局　双车例胜双马士象全（1）/311
第 580 局　双车例胜双马士象全（2）/311
第 581 局　双车例胜双马士象全（3）/312
第 582 局　双车例胜双炮双士（1）/313
第 583 局　双车例胜双炮双士（2）/313
第 584 局　双车例胜双炮双象 /314
第 585 局　双车例胜双炮单缺士（1）/314
第 586 局　双车例胜双炮单缺士（2）/315
第 587 局　双车例胜双炮单缺象 /315
第 588 局　双车例和双炮士象全（1）/316
第 589 局　双车例和双炮士象全（2）/316
第 590 局　双车巧胜双炮士象全 /316
第 591 局　双车仕相全巧胜双炮士象全 /317
第 592 局　双车例胜马炮双士 /317
第 593 局　双车例胜马炮双象 /318
第 594 局　双车例胜马炮单缺士 /318
第 595 局　双车例胜马炮单缺象 /319
第 596 局　双车例和马炮士象全 /319
第 597 局　双车仕例胜车双士 /320
第 598 局　双车仕例胜车双象 /321
第 599 局　双车仕例胜车单缺士 /321
第 600 局　双车仕例胜车单缺象 /321
第 601 局　双车例和车士象全 /322
第 602 局　双车单缺相巧胜车士象全 /323
第 603 局　双车巧胜车士象全 /323
第 604 局　双车例胜车马双士 /324
第 605 局　双车双仕例和车马单缺士 /324
第 606 局　双车仕例和车马单缺象 /325
第 607 局　双车例和车炮双士 /325
第 608 局　双车双相例胜车炮双象 /326
第 609 局　双车双仕例胜车炮双象 /326
第 610 局　双车例和车炮单缺士 /327

十五、三兵类残局 / 328

第 611 局　三兵（双低兵一高兵）例和士象全（1）/328
第 612 局　三兵（双低兵一高兵）例和士象全（2）/328
第 613 局　三兵（双低兵一高兵）巧胜士象全（1）/329
第 614 局　三兵（双低兵一高兵）巧胜士象全（2）/330

十六、马双兵类残局 / 331

第 615 局　马双兵必胜士象全 /331
第 616 局　马双兵（双仕）例胜马单缺士 /331
第 617 局　马双兵必胜马单缺象（1）/332
第 618 局　马双兵必胜马单缺象（2）/332
第 619 局　马双兵必胜马单缺象（3）/333
第 620 局　马双兵例和士象全（1）/333
第 621 局　马双兵例和马士象全 /334
第 622 局　马双兵例和炮士象全（1）/334
第 623 局　马双兵例和炮士象全（2）/335

十七、炮双兵类残局 / 336

第624局　炮双低兵例胜双士 / 336
第625局　炮双低兵例胜双象 / 336
第626局　炮双兵单缺相例胜炮双士（1）/ 337
第627局　炮双兵单缺相例胜炮双士（2）/ 337
第628局　炮双兵仕相全例胜炮双象 / 338
第629局　炮双低兵单缺仕例和马士象全 / 338
第630局　炮双兵仕相全例和炮士象全（1）/ 339
第631局　炮双兵仕相全例和炮士象全（2）/ 339

十八、车双兵类残局 / 340

第632局　车双高兵例胜马炮士象全 / 340
第633局　车双兵双仕例胜双马士象全 / 341
第634局　车双兵例胜双炮士象全 / 341
第635局　车双兵单缺仕例胜车单士象 / 342
第636局　车双低兵仕例胜车单缺象（1）/ 342
第637局　车双低兵仕例胜车单缺象（2）/ 343
第638局　车双兵仕相全例和车士象全（1）/ 343
第639局　车双兵仕相全例和车士象全（2）/ 344
第640局　车双兵仕相全巧胜车士象全 / 344

十九、双马兵类残局 / 345

第641局　双马兵例胜马士象全 / 345

第642局　双马兵单相例胜炮士象全 / 345
第643局　双马兵仕相全例胜炮士象全 / 346

二十、双炮兵类残局 / 347

第644局　双炮兵仕相全例胜马士象全 / 347
第645局　双炮兵仕相全例胜炮士象全 / 348

二十一、马炮兵类残局 / 349

第646局　马炮兵仕相全例胜炮士象全 / 349
第647局　马炮兵单仕相例胜双马士 / 350

二十二、车马兵类残局 / 351

第648局　车马高兵双相例胜车士象全 / 351
第649局　车马高兵双仕例胜车士象全 / 352
第650局　车马高兵双相不胜车士象全 / 352

二十三、车炮兵类残局 / 353

第651局　车炮兵仕相例胜车士象全（1）/ 353
第652局　车炮兵仕相例胜车士象全（2）/ 353
第653局　车炮兵仕相全例胜车士象全 / 354

一、单兵类残局

第1局　高兵例胜单将

如图1，红方先行。

① 兵五进一　　将5平6

② 兵五进一（黑方困毙）

第2局　低兵例胜单将

如图2，红方先行。

① 帅六进一

红方上帅，先等一着。

①……　　　将5平6

② 兵四平五　将6平5

③ 兵五平六

兵帅在一线上，是红方取胜的第一步。

③……　　　将5平6　　④ 帅六平五

抢占中帅，红方取胜的第二步。

④……　　　将6退1　　⑤ 兵六平五　将6退1

⑥ 帅五退一（黑方困毙）

图1

图2

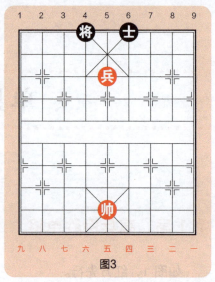
图3

第3局 低兵例和单士（1）

如图3，红方先行。

①兵五平六　士6进5　　②兵六平五　士5退6

③兵五平四　将4进1

黑方上将是最简明的守和方法。

④兵四进一　将4进1

红兵吃底士则形成底兵必和单将的局面。至此，双方和棋。

第4局 低兵例和单士（2）

如图4，红方先行。

①帅四平五　士5退6　　②帅五平六　士6进5

黑方再支士，准备把士落到帅的一侧。

③帅六进一　士5退4

士随帅侧落，黑方守和的第一步。

④兵五平四　将5平6

将顶兵前头，这是黑方守和的第二步，否则如被红兵再进一步，黑方无法守和。

⑤帅六平五　士4进5

⑥兵四平五　士5退4

（和棋）

第5局　低兵巧胜单士

如图5，红方先行。

①兵三平四　将4退1

②兵四平五

红方平兵捉死黑士，形成低兵必胜单将的残局。

②……　　　将4平5

③兵五平六　将5进1

④帅六进一　将5退1

⑤兵六进一　将5平6

⑥兵六平五（红胜）

第6局　高兵巧胜单士

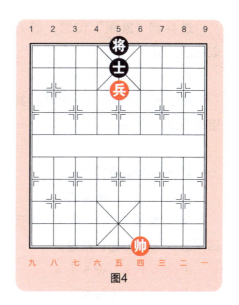

图4

图5

如图6，红方先行。

①兵四进一

红方如改走兵四平五，则士6进5，下一着黑方士5退4，和棋。

①……　　　士6进5

黑方如将5进1，红方帅六进一等着，下一着兵四进一，胜定。

②兵四进一

进兵到"象眼"位置,红方取胜的关键。

② …… 　　士5进4

黑士无论向哪个方向动,其结果都是一样的。

③ 帅六进一

红方再次运用等着。

③ …… 　　士4退5

黑方如改走将5平4,则兵四平五,黑方困毙,红胜。

④ 帅六平五　　将5平4
⑤ 兵四平五（红胜）

图6

第7局　高兵仕巧胜单卒

如图7,红方先行。

① 兵四平五

用兵控将,红方取胜的第一步。

① …… 　　将5退1

② 仕四进五

这是红方兵四平五的后续,在切断将与卒的联系后,支仕控卒。

② …… 　　将5退1
③ 兵五进一　　将5平4
④ 兵五进一　　卒5进1

黑方无棋可走,只能弃卒。

⑤ 帅五进一（红胜）

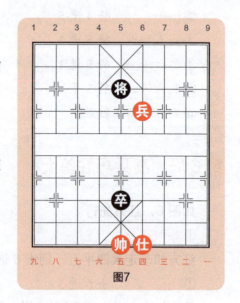

图7

第8局　低兵巧胜双士

如图8，红方先行。

① 帅五平四

红方拴链是好棋，如用兵吃士，则正好形成单士守和单兵局。

①……　　　将6进1

黑方如将6平5，则兵五平六（如兵五平四，士4退5，兵四进一，士5进6，和棋），士6退5，兵六进一，红方胜定。

② 兵五平六

红兵吃掉帅异侧的士是关键。

②……　　　将6平5　　③ 帅四进一

红方等着，为进兵做准备。

③……　　　将5退1　　④ 兵六进一

红方进兵至"象眼"这个制胜点位。

④……　　　士6退5

⑤ 帅四平五

黑士被捉死，红胜。

第9局　低兵仕例和单卒

如图9，红方先行。

黑卒只要摆脱红仕的控制，即可成和。

① 兵四平五　卒5平4
② 仕六进五　卒4平3
　　（和棋）

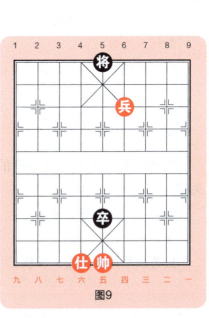

图9

第10局　高兵巧胜单马

如图10，红方先行。

① 帅六平五　将5退1
② 兵六进一　将5进1
③ 兵六进一　将5退1
④ 兵六进一　将5平6
⑤ 帅五进一

吃马以后形成低兵必胜单将残局，红方胜定。

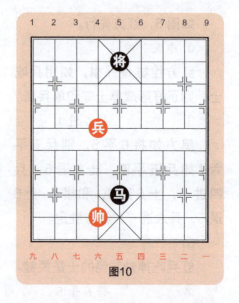

图10

第11局　高兵仕巧和炮单士

如图11，红方先行。

红兵位置好，可以策应中路，这是红方守和的关键。

① 兵七平六　士5进6
② 仕五进四

红方用帅和仕互保，正确。

② ……　　　将5退1
③ 兵六平五　将5平6
④ 仕四退五

退仕牵制黑士是红方守和的关键。

④ ……　　　炮6平5
⑤ 兵五进一

红方以后用兵换士，和棋。

图11

第 12 局　高兵仕巧和马单卒

如图 12，红方先行。

① 仕五退四

退仕到帅后，残局术语称为"太公坐椅"，红方守和的关键。

① ……　　马 3 退 5

② 兵六进一

红方进兵正着，如兵四平五，则将 5 进 1，仕四进五，马 5 进 7，帅四进一，卒 4 平 5，红方丢士，黑方胜定。

图12

② ……　　马 5 进 7

③ 帅四进一　马 7 进 8

④ 帅四退一

黑卒在红仕的控制下，无法冲击中路。

④ ……　　将 5 进 1　　⑤ 兵六平七（和棋）

二、单马类残局

第13局　单马例胜单士（1）

如图13，红方先行。

红马与黑方将、士三子形成一线，是单马擒士的基本形，所有的单马擒士类残局都可以转成这样的棋形后，红方七步吃士获胜。

① 马四退五　将4进1

黑方如将4退1，则马五进七，黑方丢士。

② 马五进三　士5进6

黑方如改走士5退4，红方仍可马三退四，再马四进六与主变取胜方法相同。

图13

③ 马三退四　士6退5　④ 马四进六

这是红方取胜的关键位置。

④ ……　　士5退6　⑤ 马六进八

马跳黑方炮台位置同样是关键位置，只有通过这个位置的转移红方才能实现叫将吃士。

⑤ ……　　士6进5　⑥ 马八进七　将4退1

⑦马七退五

红方得士胜定。

第14局　单马例胜单士（2）

如图14，红方先行。

① 马四退五　士5退6

黑方士5退6和士5进6的结果是相同的；如改走将4平5，则马五进三捉死黑士，红方速胜。

② 马五进七

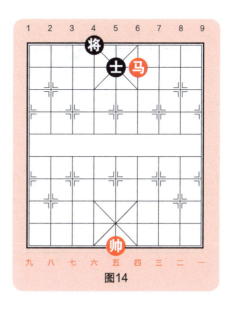

图14

黑方将侧"钓鱼马"的位置是红马进行一系列转移的发起点。

②……　　将4进1

③ 帅五进一　将4进1

④ 马七进六

马从将后面转到肋线，是红方取胜的捷径。

④……　　将4退1

黑方退将与士6进5的结果是相同的。

⑤ 马六退四　士6进5

形成单马擒士的基本形，红方可以七步擒士，胜定。

第15局　单马例和单象（1）

如图15，红方先行。

黑方守和思路在于保持将、象不在同一侧，术语称为"门东户西"。

① 马五进四

红方如马五进七，则将4退1，帅五进一，象7进9，黑方用象走闲着，和棋。

① ……　　　象7进5　　②帅五进一　将4退1
③马四退五　象5退7

黑方退底象是最安全的走法，和棋。

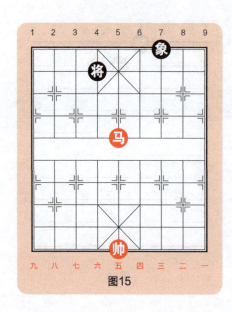

图15

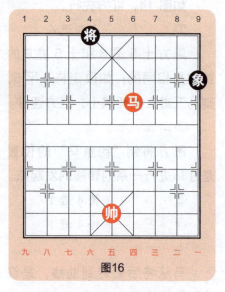

图16

第16局　单马例和单象（2）

如图16，红方先行。

黑方守和思路：当象受限制时用将走闲着；当将受制时用象走闲着。

①马四进二　将4进1　　②马二进四　象9退7
③马四退三　将4退1（和棋）

第17局　单马巧胜单象（1）

如图 17，红方先行。

① 马六进八　将 4 平 5

黑方如将 4 进 1，则马八退七，红方抽吃黑象。

② 马八退七

黑象被捉死。

②……　　　将 5 进 1　　③ 马七进五　将 5 退 1

④ 帅五平四　将 5 进 1　　⑤ 马五进七（红方胜定）

注：本局如黑方先行，则象 5 退 7 即可成和。

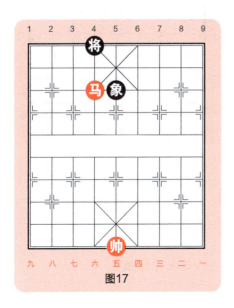

图17

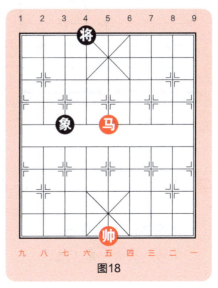

图18

第18局　单马巧胜单象（2）

如图 18，红方先行。

① 马五进七

红方进马一子禁双，获胜的关键。

①……　　　象 3 退 5　　② 马七进五（红方胜定）

第19局　单马巧胜单象（3）

如图 19，红方先行。

① 马九进八　象1进3　　② 马八退七（红胜）

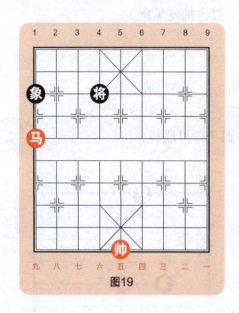

图19

图20

第20局　单马巧胜单象（4）

如图 20，红方先行。

① 马八进六　象1进3　　② 马六退七（红胜）

第21局　单马巧胜双士

如图 21，红方先行。

① 马八进七　将5退1　　② 帅四退一

红方退帅等着，有利于接下来进马控士。如改走马七进八，则将5平4，即成和棋。

② ……　　将5退1　　③ 马七进八　将5进1

黑方如士4退5，则帅四平五，黑方困毙；又如士6进5，则帅四进一，黑方仍要士5退6，红方马八退六吃士。

④ 马八退六

红方破士以后，形成单马例胜单士残局。

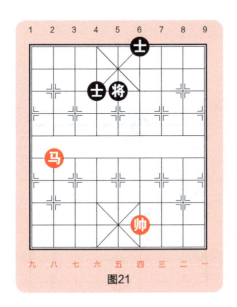

图21

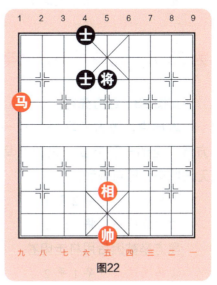

图22

第22局　马单相巧胜双士

如图22，红方先行。

本局红方如果无相，则形成和棋。

① 马九进八　　士4进5

黑方如士4退5，则帅五平四，黑方必失一士，红方胜定。

② 帅五平四　　士5退6

黑方如改走士5进6，红方则马八退七，下一步再马七退五，必得一士。

③ 马八退七　　将5退1　　④ 相五退七

红方退相是很关键的一着棋。

④ ……　　　　将5退1　　⑤ 马七进八　　将5进1

此着看出相五退七的作用。如果第4回合红方帅四进一，黑方此时可走士4退5，红方无法牵制黑方将士，和棋。此时，黑方如士4退5，则帅四平五，困毙；又如士6进5，则帅四进一，黑方必然失士。

⑥马八退六（红方胜定）

第23局　马单相例和底卒

如图23，红方先行。

本局中，黑方底卒是守和一方最安全的一种方式，只要红马无法吃卒，即可成和。

①马六退七　卒2平1

②帅五进一　将4进1

黑方卒被困后用将走闲着。

③马七进六　卒1平2

红方进马以后，黑方可动卒走闲。和棋。

图23

第24局　单马巧胜单卒

如图24，红方先行。

本局中将、卒在一边，又因小卒尚未过河，行动受限，红方可以通过谋卒巧胜。

①马八退九　卒1进1

黑方如将4退1，帅五进一，将4进1，马九进七，卒1进1，马七进八，吃卒后，红方胜定。

②马九进七

红方进马控制黑卒，迫使黑方动将。

② ……　　将 4 退 1　　③ 帅五进一

红方进帅等着。

③ ……　　将 4 进 1　　④ 马七进八　将 4 退 1

⑤ 马八退九

吃卒后,红方胜定。

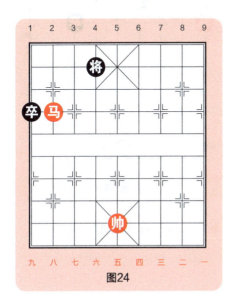

图24

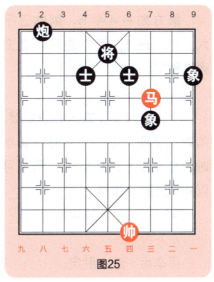

图25

第 25 局　单马巧和炮士象全

如图 25,红方先行。

① 马三进二

红方进马防止黑方炮 2 平 6 叫将。

① ……　　炮 2 平 7　　② 帅四进一

红方马不能离开防守要点,动帅走闲。

② ……　　炮 7 进 1　　③ 马二退三

防住黑方炮 7 平 6 将军的点。红方用马防住黑方两个进攻点,可以守和。

第 26 局　单马巧胜卒单士

如图 26，红方先行。

① 马九进八　将 4 进 1
② 马八退七　将 4 退 1
③ 马七退五　卒 7 进 1

黑方如将 4 平 5，则帅五平六，卒 7 进 1，马五进四，红方得卒胜定。

④ 帅五平六

平六路帅是红方获胜的关键。如帅五平四，红方马五进四将军时，将 5 平 6 牵住红马，黑卒可以顺利过河，和棋。

图26

④ ……　　　将 4 平 5　　⑤ 马五进四　将 5 进 1
⑥ 马四退三

得卒后，红方胜定。

三、单炮类残局

第 27 局　炮双仕例胜双士

如图 27，红方先行。

红方双仕分占两条肋线，帅在中路发挥牵制作用，这是红方最佳攻击阵形。

① 炮二平六

红方平炮不让黑将平中。

①……　　　将 6 进 1

② 炮六平四　士 5 进 6

③ 炮四退一

红方退炮等着，保持牵制。

③……　　　将 6 退 1

黑方如士 4 退 5，则仕四退五，闷杀。

④ 炮四进七

得士后，红方胜定。

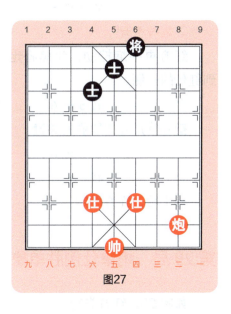

图27

第28局　炮单仕例胜双士

如图28，红方先行。

与上局相比，红方少一仕，缺少一个进攻支持点，因此红方采用"逼迫"式的攻击方法，把黑将逼迫到红仕的一边。

① 炮二平四

红方平炮控制黑方中士转移，逼迫黑将平中。

① ……　　　将4平5

② 炮四平六

红方再平炮控肋，让黑将走到红仕的一侧。

② ……　　　将5平6

空心炮是红方取胜的关键。

③ ……　　　士5进6

⑤ 炮四退一　　将6平5

③ 炮六平五

④ 炮五平四　　士4退5

⑥ 炮四进七

得士后，红方胜定。

第29局　炮单仕例胜单象

如图29，红方先行。

红帅占中，黑方孤象难以守和。

① 仕五进六　　将4进1

② 炮一平五　　将4平5

③ 炮五进七（红胜）

图29

第30局　炮单仕相例和单士象

如图30，红方先行。

黑方将、士、象三子互保，红方难以取胜。棋谚：炮不打两样。"两样"就是指单士、单象。红方无法同时控制黑方士、象，可成和棋。注：本局红方即使为仕相全，黑方同样可以谋和。

① 仕五进四　士5进6
② 相三退一　将6退1

黑方也可象3退1，退象走闲。以下炮五平四，则象1进3，同样可和。

③ 炮五平四　将6进1　　④ 帅五退一　象3退5（和棋）

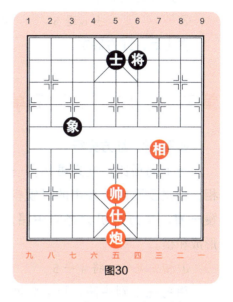

图30

第31局　炮双仕巧胜单士象

如图31，红方先行。

单士象本可以守和炮双仕的，但需将和士保持紧密联系，本局中就是因为黑方将与士分离，红方有机会巧胜。

① 帅四平五

红方平帅简明，夺取中路控制权的同时，限制黑方士的转移线路。

①……　　　　象1退3
② 帅五进一　象3进1

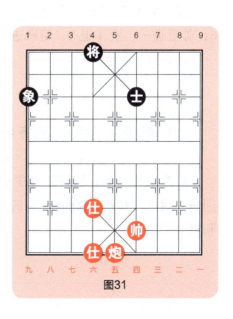

图31

③炮五进一

红方准备炮五平六叫杀。

③……　　　士6退5　　④炮五进七

得士后，红方胜定。

第32局　炮单缺相例和单士象

如图32，红方先行。

与上局相比，红方虽然多一相，但是反而因为控中的时候棋慢一着，黑方有机会将守中路，形成和棋。

①相五进七　将4平5

黑将先平到中路，可以随时与士、象联络，黑方守和的关键。

②炮五平四　士6退5

③仕六进五

红方如帅四平五，则将5平6，帅五进一，象1退3，炮四进一，将6进1，和棋。

图32

③……　　　象1退3　　④帅四进一　将5平4

⑤炮四平六

红方如炮四平五捉士，则将4进1，和棋。

⑤……　　　将4平5　　⑥帅四平五　将5平6

黑方出将简明，避开红方主动攻击，以下红方如续走仕五进四，则将6进1，和棋；如炮六平四，黑方仍可走将6进1，双方仍是和棋。

第 33 局　炮单仕例和高卒

如图 33，红方先行。

本局中黑方利用高卒来制约红仕，红仕无法发挥助攻作用，黑棋可以守和。

① 炮四平五　卒 5 平 4
② 炮五平六　卒 4 平 5
（和棋）

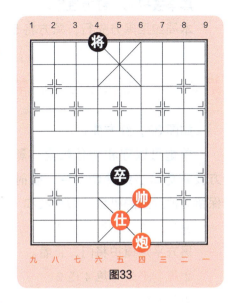

图33

第 34 局　炮单仕巧胜高卒

如图 34，红方先行。

本局中黑方无士且卒位不佳，红方可以巧胜。

① 炮四平六

红方平炮控卒正着。必须趁着黑将未平 6 路线时，把黑卒控制在 3 路线上，然后调整帅及仕的位置，红方才能取胜。

①……　　　卒 4 平 3
② 帅六进一　将 5 平 6

黑方如卒 3 进 1，则帅六退一，将 5 平 6，炮六平三，将 6 平 5，仕五进四，以后红方用炮捉死黑卒，红方胜定。

③ 帅六平五　卒 3 平 4　　④ 仕五进四　卒 4 平 5
⑤ 帅五退一

红方退帅巧手，控制黑卒。

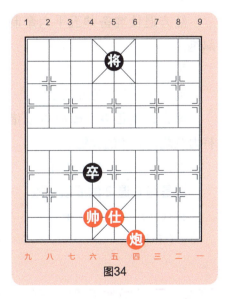

图34

⑤……　　　将6进1　　⑥炮六平五

黑卒被捉死，红方胜定。

本局如果黑方先行，黑方将5平6即可形成和棋。

第35局　炮仕相全例和单炮

如图35，红方先行。

单炮可以守和炮仕相全，黑方要避免炮被红帅牵制住，随时保留兑掉红炮的机会，即可成和。

①仕五进六　炮3平4

黑方平炮掩护将门，正着。

②炮二平五　炮4退2

③仕六退五

红方退仕准备帅五平六牵制黑炮。

③……　　炮4平6

④炮五平六　炮6退2

黑方退炮正着，随时可以借将力兑炮，守和的关键。

⑤仕五进六　炮6平4

这是炮6退2的后续手段。

⑥仕六退五　炮4平6

（和棋）

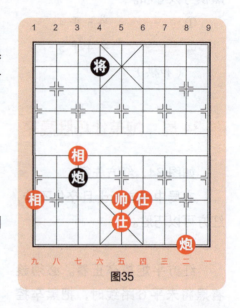

图35

第36局　单炮巧胜炮双士

如图36，红方先行。

本局是一则运用禁锢战术取

图36

胜的棋局。

① 炮八平五　炮5退1　　② 炮五进一　炮5退1
③ 炮五进一　炮5退1　　④ 炮五进一（黑方困毙）

第37局　炮单象巧和马低兵

如图37，红方先行。

红兵无法占中，黑方有象且将能升宫顶而成和棋。

① 马七退五　象3退5
② 马五进三　炮5进1
③ 马三退四　象5进7
④ 马四进六　炮5退2
⑤ 兵六平五　将6进1
　（和棋）

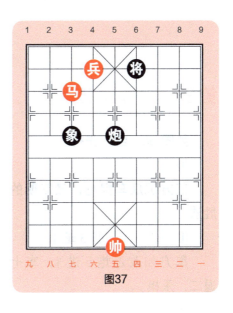

图37

四、单车类残局

第38局　单车例胜单炮

如图38，红方先行。

① 车七进六

红方沉底车捉炮，最简明的胜法。

① ……　　　将5退1

黑方如改走炮5进1，车七退二，杀棋。

② 帅六进一

红方进帅等着，看黑方炮或将的动向。

② ……　　　炮5平6

③ 车七平四（红方胜定）

图38

第39局　单车例胜双士（1）

如图39，红方先行。

① 帅四平五

中帅、中车在车类残局中是最典型的控制手段。

① ……　　　　将 5 平 4　　② 车五平六　将 4 平 5

黑方如士 5 进 4，则车六进五，破士后红方胜定。

③ 车六进六（黑方困毙）

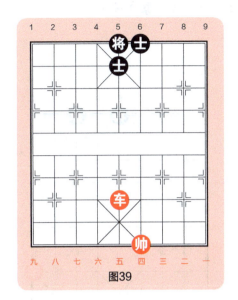
图39

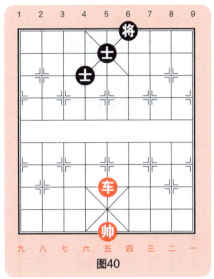
图40

第 40 局　单车例胜双士（2）

如图 40，红方先行。

① 车五平一　　士 5 进 6

黑方如将 6 平 5，则车一进七杀棋。

② 车一进七　　将 6 进 1　　③ 帅五平四

红方出帅牵制将前士是常见战术手段。

③ ……　　　　将 6 平 5

黑方如改走士 4 退 5，则车一退一，将 6 退 1，车一平五，红方得士胜定。

④ 车一平四　　将 5 平 4　　⑤ 车四退二（红方胜定）

第41局　单车例胜单象（1）

如图41，红方先行。

① 车四平五　将5平6　② 帅六平五　象3进5

③ 车五进五

得象后，红方胜定。

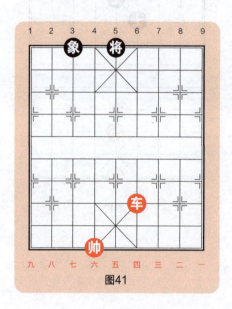

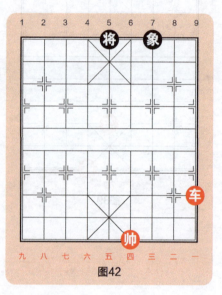

第42局　单车例胜单象（2）

如图42，红方先行。

① 车一进七　将5进1　② 车一平三（红方胜定）

第43局　单车例胜双象（1）

如图43，红方先行。

本局中，红车攻入对方九宫，管象而逼将后谋象而胜。

① 车八进五　将4进1　② 车八平五

形成"篡位车"是红方取胜的关键。

② ……　　象5进3　　③车五退四　象7退5

④车五平六　将4平5　　⑤车六平七（红方胜定）

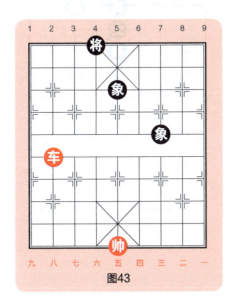

图43

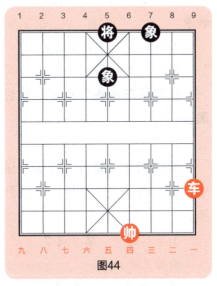

图44

第44局　单车例胜双象（2）

图44，红方先行。

① 帅四平五

帅平中有助于红方牵制黑方双象的活动。

① ……　　将5平4　　②车一进六　将4平5

③ 车一平二

红方平车控制双象，目的是为了抢到车占宫心的要点。

③ ……　　将5平4　　④车二平五

这是红方的制胜要点。

④ ……　　象5进3　　⑤车五进一　将4进1

⑥ 车五平三

得象后，红方胜定。

第45局　单车例胜单缺士

如图45，红方先行。

红方以帅助攻，先捉士后破象。

① 车二进四　士5退4

② 车二平八

红方平车准备车八进一粘住黑士。

②……　　　象7进9

黑方如士4进5，则车八进一，士5退4，帅五平六，捉死黑士。

③ 车八进一　象9退7

④ 帅五平六

黑士被捉死，红方得士后胜定。

红方取胜要点是逢单（单士、单象）先捉。

图45

第46局　单车例胜单缺象

如图46，红方先行。

① 车七进一

红车捉象时，要找到能够同时控制住黑象两个落点的"十字路口"。

①……　　　象5进7

② 车七平三

这是红方的制胜点，黑象无论是退5或是退9，红车都可吃

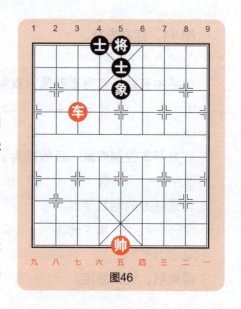

图46

掉黑象。

② …… 象 7 退 9 ③车三平一（红方胜定）

第 47 局　单车例和士象全（1）

如图 47，红方先行。

黑方双士象在中线联防，红方单车无机可乘。

①帅五平四　士 5 退 6（和棋）

本局是黑方防守的最佳棋形。

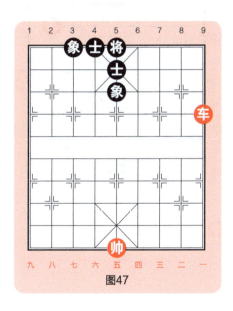
图47

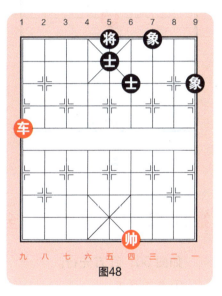
图48

第 48 局　单车例和士象全（2）

如图 48，红方先行。

①帅四平五　象 7 进 5　②帅五平六　士 5 退 4
③车九进二　象 9 退 7　④车九进二　士 6 退 5（和棋）

第49局　单车巧胜士象全（1）

如图49，红方先行。

① 帅五平六

黑方必失一象，红方胜定。

图49

图50

第50局　单车巧胜士象全（2）

如图50，红方先行。

① 车二平五

红方平车牵制黑方双士双象。

① ……　　　将6进1　　② 车五平四　士5进6

③ 帅五平四

红方出帅助攻，迫使黑方支士。

③ ……　　　士4进5　　④ 车四平二

红方准备借助帅力，吃掉黑方中心士。

④ ……　　　象3进5　　⑤ 车二进三　将6退1

⑥ 车二平五（红方胜定）

第 51 局　单车巧胜士象全（3）

如图 51，红方先行。

① 帅五平六　象 1 退 3

黑将不能动，只能退象。

② 车五平七

红方捉象正确，如急于车五平八，则将 4 退 1，黑方可以守和。

②……　　　象 3 进 1

③ 车七平八　将 4 退 1

黑方防守阵形正好差了一着棋。

④ 车八进七　将 4 进 1

⑤ 车八退一　将 4 退 1

⑥ 车八平五（红方胜定）

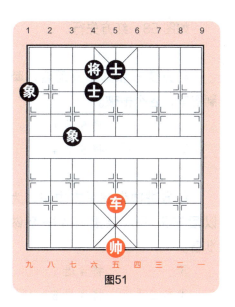

图51

第 52 局　单车巧胜士象全（4）

如图 52，红方先行。

① 车七平一　象 3 退 5

② 车一进三　将 6 进 1

③ 帅五平四　士 5 进 4

④ 车一退二　士 4 退 5

⑤ 车一进一　将 6 退 1

⑥ 车一平五（红方胜定）

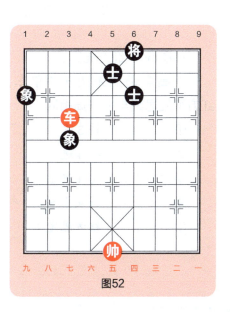

图52

第53局　单车例胜双低卒

如图53，红方先行。

①车一进三

红方要车和帅相互配合，牵制黑卒，各个击破。

①……　　　将5进1
②车一平五　将5平4
③帅四平五

红方进帅牵制黑方中卒，为以后车五平六谋黑方4路卒做准备。

③……　　　将4退1
④车五平六　将4平5
⑤车六退二

破卒后，红方胜定。

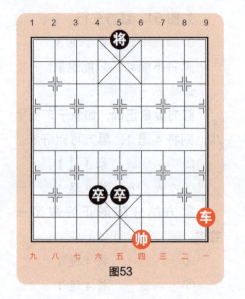

图53

第54局　单车例胜双高卒

如图54，红方先行。

双高卒仍然无法守和单车，红方取胜思路与上一局相同。

①帅五平四　将5平4
②车一平五　将4进1
③帅四平五　将4进1
④车五平六　将4平5
⑤车六退一（红方胜定）

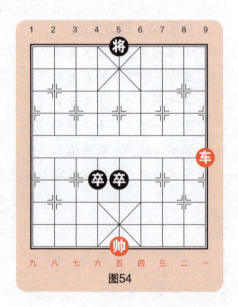

图54

第 55 局　单士双低卒巧和单车

如图 55，红方先行。

双卒要对红帅构成威胁，黑士必须在中路或 6 路，将士要能互保，才能守和。

① 车五进四　将 6 进 1
② 车五退二　士 6 退 5

黑方退士以后将士、双卒同在 5、6 路，形成两条"平行线"，这是黑方守和的最佳棋形。

③ 车五平二　士 5 进 6

（和棋）

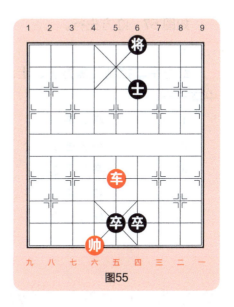

图55

第 56 局　单士双低卒巧和车单相

如图 56，红方先行。

红相对黑方双低卒没有防守作用，反而中相阻截了红车对中卒的牵制，黑方谋和更容易。

① 车五平四

红方如车五进三，则士 6 退 5，车五退一（车五进一，卒 6 进 1，黑方胜定），将 6 进 1，和棋。

①……　　　将 6 进 1
② 车四退一　卒 6 平 7
③ 车四平五　卒 7 平 6
④ 相五退七　将 6 退 1
⑤ 车五进三　将 6 进 1（和棋）

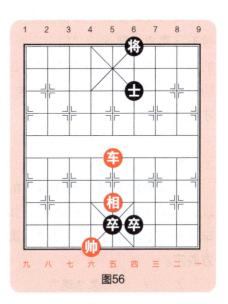

图56

第 57 局　单车例胜单士双低卒

如图 57，红方先行。

① 车六平五

红方平车控制住黑方将、士、中卒三子。

① ……　　　卒 4 平 3
② 车五退三　卒 3 进 1
③ 帅四平五　卒 3 平 2
④ 车五进七　将 5 平 4
⑤ 车五退四（红方胜定）

图 57

第 58 局　单车例和单象双低卒（1）

如图 58，红方先行。

黑方双卒要对红帅构成威胁，黑象必须在边、底线活动；如黑方被迫飞高象，要保持"门东户西"的棋形，即黑象不能与将和卒在同一侧。这样迫使红车不敢吃象，才能守和。

① 车一进四　将 4 退 1
② 车一平五

红方要顾忌黑方卒 4 进 1 的攻击，平中车是唯一的选择。如车一平三捉象，则卒 4 进 1，黑方胜定。

② ……　　　象 7 退 9
③ 车五退一　将 4 进 1

图 58

黑方上将正着。如象9进7，则车五平三，卒4进1，车三平六抽吃4路卒，红方胜定。

④ 车五退一　将4退1　　⑤ 车五平六　将4平5

⑥ 车六平一　象9退7（和棋）

第59局　单车例和单象双低卒（2）

如图59，红方先行。

① 车一平六　将4平5　　② 车六平四　将5平4

③ 车四进四　将4进1　　④ 车四退五　将4平5

⑤ 车四平五　将5平4（和棋）

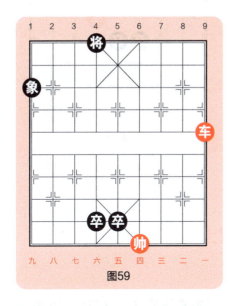

图59

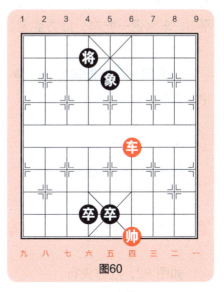

图60

第60局　单车巧胜单象双低卒

如图60，红方先行。

本局中，黑象的位置较差，红方吃象以后仍然可以控制黑卒，红方得以巧胜。

① 车四平六　将4平5　　②车六平五　卒4进1
③ 车五退三　将5退1　　④车五进六　将5平4
⑤ 车五平六　将4平5　　⑥车六退七（红方胜定）

第61局　单车例胜单象双高卒

如图61，红方先行。

①帅四平五

红方进帅保持牵制，正确。

① ……　　　将4平5

黑方如将4退1，则车四平五，象5进3，车五平六，将4平5，车六退一吃卒，红方胜定。

②车四平五

红方用一车牵制黑方将、象、中卒三子。

② ……　　　将5退1

③车五进三

破象后，红方胜定。

图61

第62局　单车例和双高卒双士（1）

如图62，红方先行。
双高卒要在4、5路并联，黑士要在6路底联，双卒与双士联合保护黑将，使红车无法打破联防，才能守和。

①车五平六　卒4平3　　②车六平九　卒3平4
③车九进五　士5退4　　④车九退六　士4进5
⑤帅五进一　将5平4（和棋）

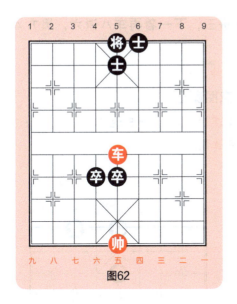

图62

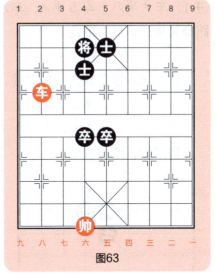

图63

第63局 单车例和双高卒双士（2）

如图63，红方先行。

黑方双高卒于4、5路并联，与羊角士联合保将，使红车无法打破联防，用黑将和花心士走闲着，黑将与红帅之间的卒不要动，才能守和。

① 车八进二　将4退1　　② 车八进一　将4进1

③ 车八平九　士5进6（和棋）

第64局 单车巧胜双高卒双士

如图64，红方先行。

红方抓住黑方双卒不在4、5路并联的弱点，逼卒被迫分离，车、帅偏六路，逼黑方落士，再平车叫将抽卒而胜。

① 车四进一　卒6平7

黑方如改走将5平4，则车四平六，将4平5，帅五平六，卒5

进1，车六平八，卒5平4，车八进三，下一着再车八退六，黑方4路卒被捉死，红方胜定。

② 车四平六　卒7平6　③ 帅五平六

红方出帅准备攻击黑方底线，意图谋士。

③ ……　　　卒6平7　④ 车六平八　士5退4

⑤ 车八平五　士6进5　⑥ 车五退二

得卒后，红方胜定。

图64

图65

第65局　单车例和双高卒双象（1）

如图65，红方先行。

黑方双卒必须靠近中路并联，同时与底联中象配合遮帅护将，形成联防，才能守和。

① 车五平七　将5平4　② 帅五平六　将4平5

③ 帅六平五　将5平4　④ 车七平六　将4平5

⑤ 车六平九　卒4平5　⑥ 车九平五　卒3平4（和棋）

第 66 局　单车例和双高卒双象（2）

如图 66，红方先行。

黑方双高卒、双象连环互保，又在中路遮帅护将，无懈可击。

① 车八平五　将 5 进 1　　② 车五进一　将 5 退 1（和棋）

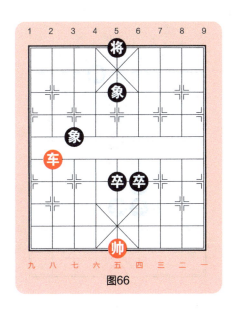

图66

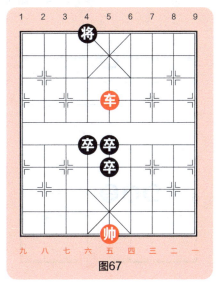

图67

第 67 局　单车例和三高卒（1）

如图 67，红方先行。

黑方两个中卒护将，另一卒在旁保护，可以谋和。

① 帅五平四　前卒平 4　　② 车五进一　将 4 进 1
③ 车五平四　前卒平 5（和棋）

第 68 局　单车例和三高卒（2）

如图 68，红方先行。

① 车四平五　将 5 平 4　　② 帅四平五　将 4 进 1

黑方中卒和3路卒都不能动。动中卒，则车五平六成杀；动3路卒，则车五平六抽吃黑方4路卒。

③ 车五平六　　将4平5　　④ 帅五平四　　卒5平6

⑤ 车六进一

红方如帅四平五，则卒6平5，仍是和棋。

⑤……　　　　卒6平5（和棋）

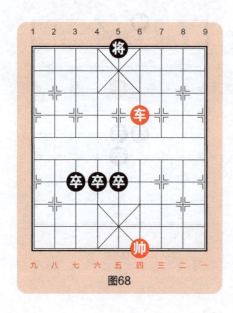

图68

图69

第69局　单车巧胜三高卒（1）

如图69，红方先行。

黑方虽然有三个卒，但是后卒与前面两卒不能形成互保局面，红方可以取胜。

① 车五平四　　将6平5　　② 车四退二

红方捉死后卒，形成单车例胜双卒的残局。

②……　　　　前卒平3　　③ 车四平六（红方胜定）

第 70 局　单车巧胜三高卒（2）

如图 70，红方先行。

本局中黑方三卒虽然联系紧密，但黑将位置不好，和红帅在中路隔卒相对，红方利用此弱点，可以巧胜。

① 车四退三

白吃黑卒，红方胜定。

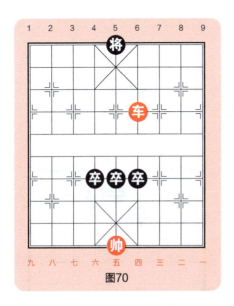

图70

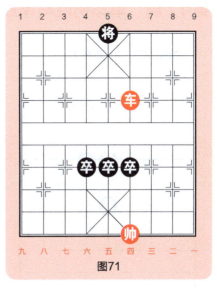

图71

第 71 局　单车巧胜三高卒（3）

如图 71，红方先行。

红方取胜的关键在于先要将黑方三个卒的位置打散，再吃卒取胜。

① 帅四平五　卒 6 平 7

黑方只能动卒，如将 5 平 4，则车四平六，抽吃黑方 4 路卒。

② 车四平三　卒 7 平 8

黑方仍然不能卒 7 平 6，否则红方可以照将抽吃。

③ 帅五平四

出帅好棋，黑方只能动将，红方通过"时间差"打破黑方三卒的联络。

③……　　　将5平4　　④车三平五　卒8平7
⑤帅四平五

利用黑方7路卒没能和中卒联络的机会，红方以下可以通过车五平六照将抽吃4路卒，得卒胜定。

第72局　单车例胜马单象

如图72，红方先行。

①车五平一　马6进7　　②车一进四　马7进6
③车一平四　将5进1　　④车四退二（红方胜定）

图72

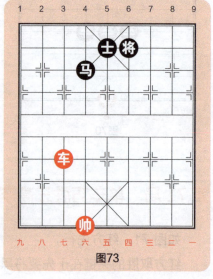
图73

第73局　单车例胜马单士

如图73，红方先行。

马、单士在面对车时无法形成相互保护，红方可以取胜。

① 车七进五

红方进车牵制住黑方中士，好棋。

① ……　　马4进6　　② 帅六平五　将6退1

黑方士和马都不能动，只好退将。

③ 车七退四

红方准备车七平四捉死马。

③ ……　　马6进4　　④ 车七进一　马4进5

黑方如马4退5，则车七平五，红方同样捉马。

⑤ 车七平五　马5进6　　⑥ 车五进三（红方胜定）

第74局　单车例胜马双士（1）

如图74，红方先行。

① 车七平三　马5进4

② 帅四进一　士5进4

③ 车三退二

红方退车准备车三平六捉双，迫使黑马离开防守要点。如直接车三平六，则马4退5抽吃红车，黑方反败为胜。

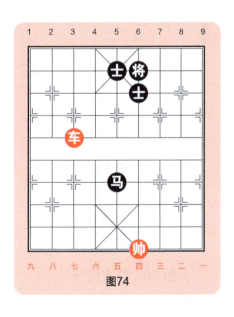

图74

③ ……　　马4退2

④ 车三进五　将6退1

⑤ 车三平六　马2退3

⑥ 车六退一

得士后，红方胜定。

第75局 单车例胜马双士（2）

如图75，红方先行。

① 车一平九　　将5平4　　② 车九进三　　将4进1

③ 帅五平六

红方出帅控制黑马，胜局已定。

③ ……　　　士5进6　　④ 车九平四（红方胜定）

图75

图76

第76局 单车例胜马双士（3）

如图76，红方先行。

① 车三进一

红方进车先等一着，迫使黑马离开防守位置。

① ……　　　马4进5　　② 车三进一　　士5退6

③ 车三平四　　将5进1　　④ 车四平六（红方胜定）

第77局　单车例和马双象

如图77，红方先行。

黑方中马、高象连环，残局术语称为"马三象"，这是唯一可以守和单车的棋形。黑马在中象位，用将走闲着。当将被迫不能动时，方可用马走闲着。

① 车九进二　将5退1　② 车九进一　将5进1
③ 车九平六　将5平6　④ 车六平五　马5进3
⑤ 帅五进一　马3退5（和棋）

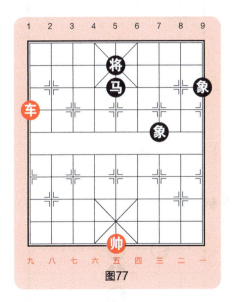

图77

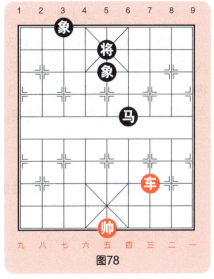

图78

第78局　单车巧胜马双象（1）

如图78，红方先行。

① 车三进六　将5退1　② 车三进一　将5进1
③ 车三平七　将5平6　④ 车七平五（红方胜定）

第79局 单车巧胜马双象（2）

如图79，红方先行。

当黑方不能形成"马三象"的棋形时，红方单车均能获胜。取胜方法是车帅联合进攻，驱马离开好位，借打将的机会破象胜。

① 车五平八　将5平4

② 帅五进一

红方进帅等着，看黑方应手。

②……　　　将4平5

黑方如改走将4进1，则车八平六，将4平5，车六进三，将5平6，车六平五，马5进3，车五退三，黑马必失，红方胜定。

③ 车八进三　将5进1　　④ 车八平六　将5平6

⑤ 车六平五

形成"篡位车"是红方取胜的关键。

⑤……　　　将6进1

⑥ 帅五退一（红方胜定）

图79

第80局 单车例胜马单士象（1）

如图80，红方先行。

马、士、象三子无法相互保护，红方可以各个击破。

① 车九平一　将5平6

② 车一进三　象5进7

图80

③车一平三　马3进4　　④车三退二

得象后，红方胜定。

第81局　单车例胜马单士象（2）

如图81，红方先行。

①车八平一　士5退6　　②车一进三　马4进2

③帅五平四　马2进3　　④车一平四（红方胜定）

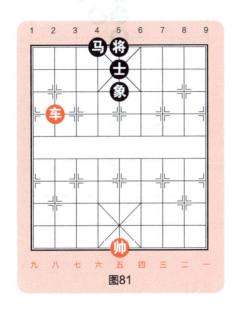

图81

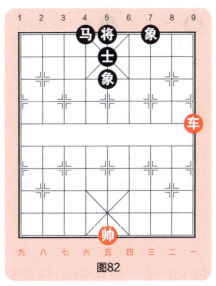

图82

第82局　单车例和马单缺士（1）

如图82，红方先行。

黑方以马代士，形成"士象全"守和单车的棋形。

①帅五平六　马4进2　　②车一平八　马2进4

③车八进四　象5退3　　④帅六平五　象7进5（和棋）

第83局　单车例和马单缺士（2）

如图83，红方先行。

① 车八平二　象1进3　　② 车二进三　将5进1

③ 车二平六　象3进1

形成"马三象"的例和局面，和棋。

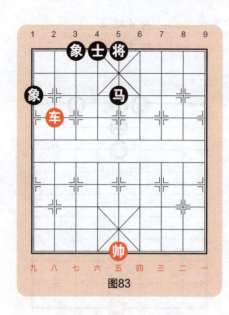

图83

图84

第84局　单车例和马单缺士（3）

如图84，红方先行。

本局中，黑马虽然自塞象眼，但是可以参与底线的防守，红方无法取胜。

① 车六平四　马6进8　　② 车四平九　士5退4

黑方退士是最为稳健的走法，也可以象5退3，则车九平二，马8退6，帅六平五，象3进5，和棋。

③ 车九进三　马8退6　　④ 车九退一　马6进4

⑤ 帅六平五　士4进5（和棋）

第85局　单车例和马单缺士（4）

如图85，红方先行。

黑方用象保马，用马保士，士角与底线是黑马进退的要点。

①车四平三　将5平4

红方平车压马时，黑方用将走闲着。

②车三平二　象3进1
③车二退二　象1进3
④车二平六　将4平5
⑤帅五平六　象3退1
⑥车六平八　象1退3

（和棋）

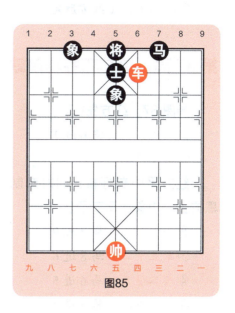

图85

第86局　单车巧胜马单缺士（1）

如图86，红方先行。

红方抓住黑方马无法"当士"以及将位不正的弱点，用车攻士捉马，两者得一，即可获胜。

①车二平四　将6平5
②车四进三

红方进车控制，不让黑方象7退5，是最简捷的获胜方案。

②……　　象9退7
③帅五平四

红方出帅驱离黑马，为谋士、象做准备。

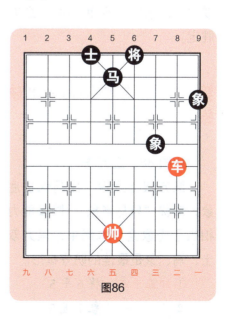

图86

③……　　马5进4　　④车四进二　将5进1

⑤车四平三（红方胜定）

第87局　单车巧胜马单缺士（2）

如图87，红方先行。

①车九进二　将6进1

②车九平五

红方平中车好棋，同时牵制黑方士、中象、马三子。

②……　　象7进9

③车五平二　马8进6

④车二退三　马6进5

⑤车二进二　将6退1

⑥车二平五

红方破士以后，黑方无法形成"马三象"的例和局面，红方胜定。

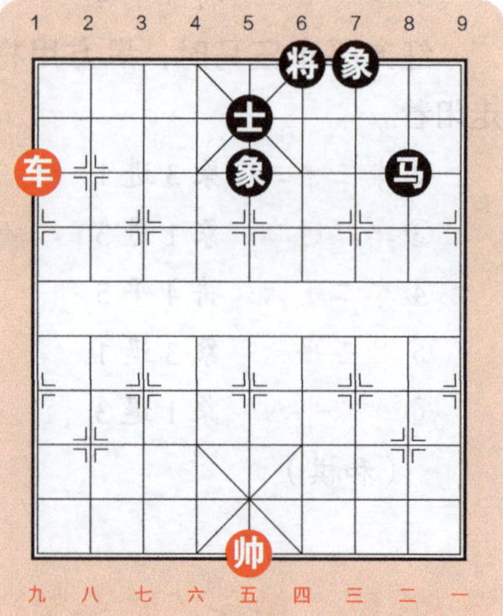

第88局　单车例和马单缺象（1）

如图88，红方先行。

黑方双士互保，用马保护底象，俗称"只马当象"，防御能力相当于士象全。本局中，黑方双士、马、象是最佳的防守棋形。

①帅五平四　将6平5

②车三进一　象7进5

图87

图88

③车三平四　象5进7　　④帅四平五　象7退5
⑤帅五进一　马6进7　　⑥车四退二　马7退6（和棋）

第89局　单车例和马单缺象（2）

如图89，红方先行。

①帅五进一　象5退3　　②车五平六　象3进5
③帅五退一　象5退7（和棋）

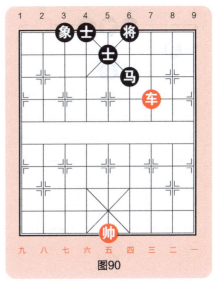

第90局　单车例和马单缺象（3）

如图90，红方先行。

①车三平五　将6进1　　②车五平一　象3进5
③车一进三　象5进7　　④车一平二　象7退9
⑤帅五进一　象9进7（和棋）

第91局　单车巧胜马单缺象（1）

如图91，红方先行。

① 车二退二　马2进3　② 车二退一　马3退4

③ 车二平六

红车连续捉马，迫使黑方马不能保象。

③……　　　马4退2　④ 车六平五　士6进5

⑤ 车五进一（红方胜定）

图91

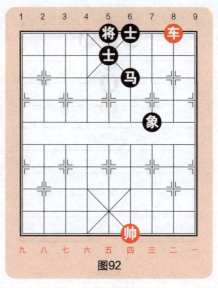

图92

第92局　单车巧胜马单缺象（2）

如图92，红方先行。

① 帅四平五　马6进5　② 车二退六　象7退5

③ 车二平五　马5退7　④ 车五进三　马7退9

⑤ 车五进一

得象后，红方胜定。

第93局　单车例胜炮单士

如图93，红方先行。

黑方炮单士无法守和红车的进攻，属于红方例胜的残局。

① 车八平四　士5进6
② 帅六平五　炮5平6
③ 车四平五

红方平车以后黑方只能动炮，失去对黑士的支援。

③ ……　　炮6平1
④ 帅五平四　炮1平6
⑤ 车五进四

黑士被捉死，红方胜定。

图93

第94局　单车例胜炮单象

如图94，红方先行。

黑方炮、象、将无法形成相互保护，红方可以各个击破。

① 车九进四　将6进1
② 车九平七　象5进7
③ 车七平三　象7退9
④ 车三退一　将6退1
⑤ 车三平一（红方胜定）

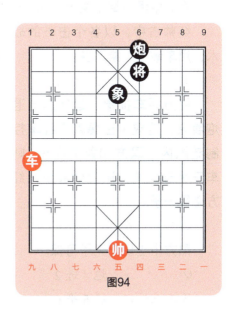

图94

第95局　单车例胜炮单士象（1）

如图95，红方先行。

黑方炮单士象，无法守和单车的进攻，属于红方例胜的残局。

① 车五平六　将5平6
② 帅五平四　将6平5
③ 车六进五　象5退7
④ 车六平八　象7进9
⑤ 车八退一

以下红方连续叫将，抽吃黑方6路士，红方胜定。

图95

第96局　单车例胜炮单士象（2）

如图96，红方先行。

本局中黑方炮士象无法相互保护，红方可以各个击破。红帅占中，以各个击破的战术，用车破士、象而胜。

① 车一平三　炮4退2

红方平车捉象，迫使黑方退炮看象，造成中士暴露在红车控制范围内。黑方如象7进5，则车三平五，黑方逃象则丢士，红方必得一子。

② 车三平五

黑方中士现已无子可保。

②……　　　炮4进2
③ 车五进四　将5平6

图96

④ 车五进一　将6进1　⑤ 车五平三

连破士象，红方胜定。

第97局　单车例和炮双士（1）

如图97，红方先行。

炮双士在阵形工整时可以守和单车，术语称为"炮三士"，其防守力量相当于士象全。

① 车五平七　将4进1　② 车七进五　将4退1
③ 帅五进一　将4平5　④ 车七平六　将5平6（和棋）

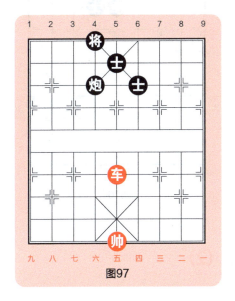
图97

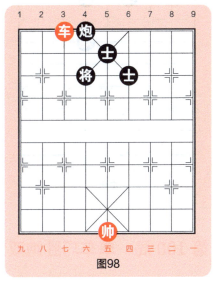
图98

第98局　单车例和炮双士（2）

如图98，红方先行。

① 帅五进一　将4退1　② 车七退一　将4进1
③ 帅五退一　炮4平6（和棋）

第99局　单车巧胜炮双士（1）

如图99，红方先行。

当黑方无法形成"炮三士"的例和棋形时，红方可以巧胜。

① 车三退四　炮6退1　② 车三进一　炮6进1

③ 车三平四　炮6平3　④ 车四进一　将6平5

⑤ 车四平六（红方胜定）

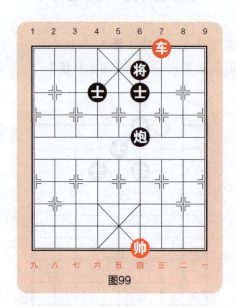

图99

图100

第100局　单车巧胜炮双士（2）

如图100，红方先行。

① 帅五平四　士5进4　② 车三退一　将6退1

③ 车三平六　将6平5　④ 车六退一　将5进1

⑤ 帅四平五　炮5进2　⑥ 车六平四（红方胜定）

第 101 局　单车例和炮双象（1）

如图 101，红方先行。

黑方低联中象，炮不离开中路，如被迫离开时，应伺机迅速回来，只要炮、象占中，红车就没法破象取胜。

① 帅五进一　炮 5 进 1　② 车七平五　炮 5 平 4

③ 车五平一　炮 4 平 5（和棋）

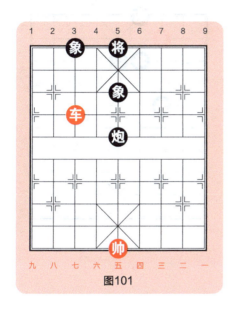
图101

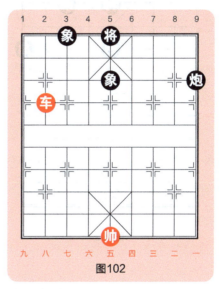
图102

第 102 局　单车例和炮双象（2）

如图 102，红方先行。

① 车八平一　炮 9 平 6　② 车一进三　炮 6 退 2

黑方退炮是守和的关键，如将 5 进 1，红方有巧胜的机会，详见第 108 局。

③ 帅五平四　炮 6 平 7（和棋）

第103局　单车例和炮双象（3）

如图103，红方先行。

黑炮在中象位，形成"炮三象"棋形，用将走应着，如将被迫不能动时，用炮走闲着，即可守和。

① 车八进三　将5进1　② 车八平六　炮5进1（和棋）

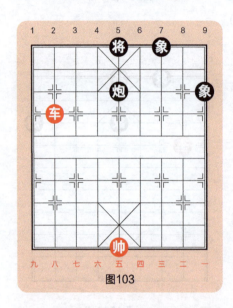

图103

图104

第104局　单车例和炮双象（4）

如图104，红方先行。

黑方双象高联，配合底炮可以守和单车。

① 车七退一

红方如改走车七平五，则象5进7，车五进一，将4退1，车五平二，象3退5，和棋。

①……　　　将4退1　② 车七进二　炮4平7

双象高联以后，黑炮可以在底线直接生根。

③ 车七平五　炮7进3　④ 车五平四　炮7退3

⑤ 车四退四　炮7平4（和棋）

第105局　单车巧胜炮双象（1）

如图105，红方先行。

① 车七平五

红方平中车控制双象。

①……　　炮4进1

黑方只能动炮，如象5进3，车五进一捉双；又如炮4平3，则车五进一，炮3进1，车五平六，炮3平4，帅五平四，与主变思路相同。

② 车五进一

红方控制黑方双象的同时，准备把车从黑方的底线绕出来。

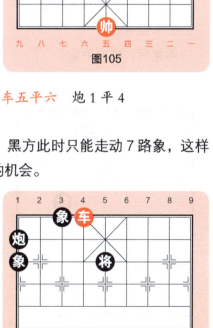

图105

②……　　炮4平1　　③ 车五平六　炮1平4

④ 帅五平四

红方出帅等着，是取胜的关键，黑方此时只能走动7路象，这样红方赢得下一着车六平七抽吃中象的机会。

④……　　象7进9

⑤ 车六平七

红方平车叫杀，下一着车七退二抽吃黑象，红方胜定。

第106局　单车巧胜炮双象（2）

如图106，红方先行。

① 车六平五　将5平4

黑方如改走炮1平5，则帅

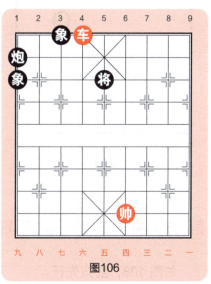

图106

四退一，黑方只能象1进3，红方车五平七吃象。

②帅四平五　将4退1　　③车五退四　将4退1

④车五进三　炮1退1　　⑤车五进一　将4进1

⑥车五退三

黑方无解，红方下一着车五平六绝杀。

第107局　单车巧胜炮双象（3）

如图107，红方先行。

①车六进三　炮5进1　　②车六平五　炮5平4

③车五退一　炮4退4　　④车五平四　将6平5

⑤车四平三

得象后，红方胜定。

图107

图108

第108局　单车巧胜炮双象（4）

如图108，红方先行。

本局中，黑将如果在底线则是一盘和棋。现在黑将位置不佳，红方有巧胜的机会。

① 车八平一　炮9平6　　② 车一进三　将5平6

③ 帅五平四

红方出帅牵制黑炮，为以后谋炮取胜做准备。

③ ……　　炮6进4　　④ 车一退六　炮6退4

⑤ 车一进五　将6退1　　⑥ 车一退一

黑炮必失，红方得炮胜定。

第109局　单车例和双马（1）

如图109，红方先行。

黑方双马连环守在中路，当将受困时用马走闲着；当双马受制时用将走闲着，红方无法取胜。

① 车五平四　将6平5

② 车四进六

红方如车三进三，则将5平4，和棋。

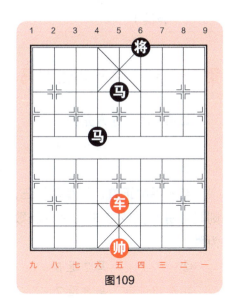

图109

② ……　　马4进5

③ 车四退五　前马退4

④ 车四平三　将5平6

（和棋）

第110局　单车例和双马（2）

如图110，红方先行。

黑方双马虽不在中线连环，但双马在6、8路河界两边连环，控制红车正面叫将的落点，使红方无法取胜。

① 车五进一　马8进7

黑方进马正着，如改走马8退7，则车五进二，马6退5，车五平四，将6平5，车四平三吃马后，红方胜定。

② 车五平三　马6退8

黑方巧妙避开红帅的拴牵。如马7进5，则车三平四，将6平5，车四退一，红方吃马后胜定。

③ 车三平五　马8进6

④ 车五退二　马7退8

（和棋）

图110

第111局　单车巧胜双马（1）

如图111，红方先行。

① 车四退七　马5退4

② 帅五平六

红方平帅正着，如车四平三，则马4进6抽吃红车，黑方反败为胜。

②……　　　马7退8

③ 车四进二　马8退7

④ 车四进二　马7进8

红方连续捉马，不让黑马形成连环互保。

⑤ 车四平六　将4平5

⑥ 车六退一（红方胜定）

图111

第112局　单车巧胜双马（2）

如图112，红方先行。

① 车八进二　将5进1
② 车八退一　将5退1
③ 车八平四

红方平车管住双马，获胜的关键。

③ ……　　将5平4
④ 帅四平五

红方平帅控制中路，这样黑方只能动马。

④ ……　　马6进5
⑤ 车四平三

得马后，红方胜定。

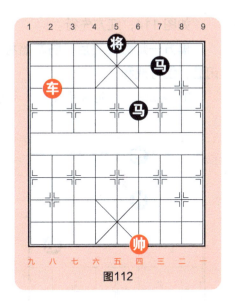

图112

第113局　单车巧胜双马（3）

如图113，红方先行。

① 车八平七　将4平5
② 车七平六　将5平6
③ 车六进一　将6进1
④ 帅六平五　将6进1
⑤ 车六平四　马4退6
⑥ 车四平七（红方胜定）

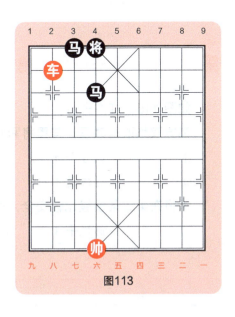

图113

第114局 单车例和双炮（1）

如图114，红方先行。

黑方一炮藏在将后，防车照将，以将保护炮的安全，用另一炮走闲着，便可成和。

① 车五进一 炮8平4   ② 帅五平六 将4退1（和棋）

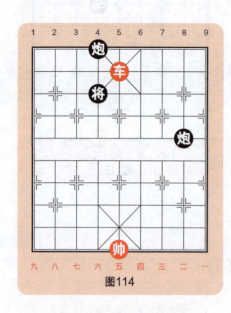
图114

图115

第115局 单车例和双炮（2）

如图115，红方先行。

黑方双炮取得联系，与黑将紧密互保，红方单车无法取胜。

① 车一平六 炮6平4   ② 车六平四 炮4平5
③ 帅五平四 后炮退1   ④ 车四平七 后炮进1

黑将在第二条横线比较安全，可与双炮形成紧密互保形式。

⑤ 车七平六 前炮平4   ⑥ 帅四平五 炮5退1（和棋）

第116局　单车巧胜双炮（1）

如图116，红方先行。

① 车六进一　炮6退1　　② 车六进二　炮5退4
③ 车六退一　炮6进1　　④ 车六退一　炮6退1
⑤ 车六平五　炮5平2　　⑥ 帅四平五（红方胜定）

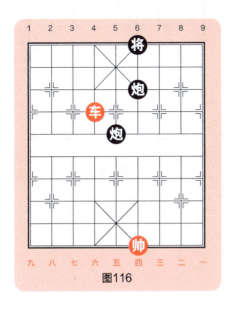

图116

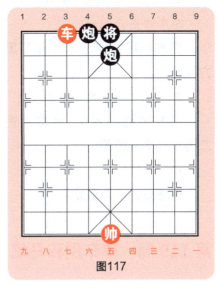

图117

第117局　单车巧胜双炮（2）

如图117，红方先行。

① 车七退一　炮5进4　　② 车七平六　炮5进3
③ 车六退一

这是红方取胜的要点，迫使黑方将守双炮。

③ ……　　炮5退7　　④ 帅五进一

红方进帅等着，让黑方炮将分离。

④ ……　　炮4平2　　⑤ 帅五平六

红方必得一炮，胜定。

第 118 局　单车巧胜双炮（3）

如图 118，红方先行。

① 帅五平四　炮 5 平 4
② 车三平五　炮 4 进 6
③ 帅四平五　炮 6 平 8
④ 车五平四　炮 8 平 6
⑤ 车四平六

红方利用顿挫战术，捉死黑方 4 路炮。

⑤……　　炮 6 平 5

黑方如炮 4 平 5，则车六进二再车六平五绝杀。

⑥ 车六退四

得炮后，红方胜定。

图118

第 119 局　单车例和马炮

如图 119，红方先行。

黑方炮在将后，以免红车当头照将，用马走闲着，就能守和。

① 车五进一　将 4 退 1
② 车五退四　马 7 进 6
③ 车五退二　马 6 退 7

（和棋）

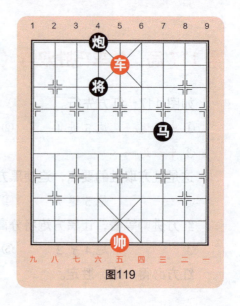

图119

第120局　单车巧胜马炮

如图120，红方先行。

本局中黑方马、炮、将位置分散，红方可以巧胜。

① 帅六平五

红方平帅抢占中路，伏有车五平四杀棋的手段。

① ……　　马8进6

黑方马炮都不能及时回防，只能借叫将延缓红方攻势。

② 帅五退一　马6进7
③ 帅五进一　炮4退3
④ 车五进三　将6进1
⑤ 车五退一　将6退1
⑥ 车五平六

得炮后，红方胜定。

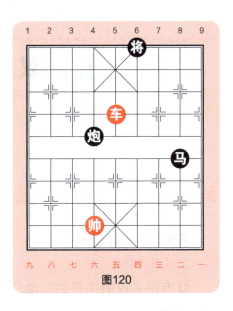

图120

五、双兵类残局

第121局　低兵底兵例胜单士（1）

如图121，红方先行。

① 兵三平四

红方平兵控制黑将的活动空间，正确。

① ……　　　将5平4
② 帅四平五　　将4进1
③ 帅五平六

红方也可走兵八平七，但取胜过程较为繁琐。

③ ……　　　将4退1
④ 兵四平五（黑方困毙）

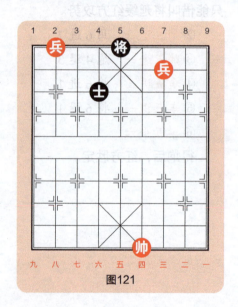

图121

第122局　低兵底兵例胜单士（2）

如图122，红方先行。

① 兵三平四　将5平4　　② 兵八平七　将4进1
③ 帅四平五　将4进1　　④ 兵七平六

红方不能用低兵吃士，要用底兵吃士，形成低兵例胜单将残局。

④……　　　将4退1　　⑤兵六平五　将4进1
⑥兵五平四（红方胜定）

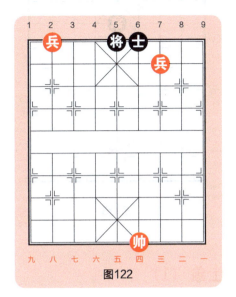

图122

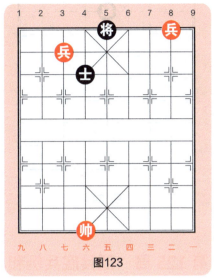

图123

第123局　单士巧和低兵底兵

如图123，红方先行。

①兵七平六　将5平6

黑方出将增加活动空间，守和的关键。

②兵二平三　将6进1　　③帅六平五　将6进1
④帅五进一　将6退1（和棋）

第124局　低兵底兵例胜单象

如图124，红方先行。

①兵七平六　象5退7　　②兵八平七　象7进9
③兵七平六（红胜）

图124

图125

第125局 低兵底兵例和单士象（1）

如图125，红方先行。

黑方单士象可以守和红方一低兵和一底兵的进攻。

①帅五退一　将5平6　　②帅五进一　将6平5（和棋）

第126局 低兵底兵例和单士象（2）

如图126，红方先行。

①兵七平六　士5进6

②兵八平七　士6退5

黑方退士解杀，如走象5进3，则兵七平六，将5平6，后兵平五，红方胜定。

③帅四进一　象5进3

图126

④帅四平五　象3退5

黑方退象守住中路，底兵无法发挥作用。

⑤帅五退一　将5平6

黑方也可士5进4同样能够守和。

⑥帅五进一

红方如兵六平五，则象5退3吃兵，和棋。

⑥……　　　将6进1（和棋）

第127局　双低兵（异侧）例胜双士（1）

如图127，红方先行。

①兵三平四　士5进6

②兵四进一

红方冲兵换士，简明。

②……　　　士6退5

③兵四平五

红方平兵迫将回宫，发挥中帅的牵制作用，为捉士做准备。

③……　　　将4平5

④兵七平六　将5平6

⑤兵六平五（红胜）

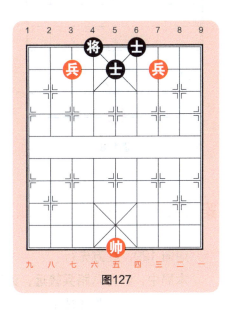

图127

第128局　双低兵（异侧）例胜双士（2）

如图128，红方先行。

①兵七进一

红方冲兵控制黑将，是取胜的关键。

①……　　　士5退6　　②兵三平四　士6退5

③帅五进一　士5进6　　④兵四进一

以下取胜思路与第 127 局相同。

④……　　　士6退5　　⑤兵四平五　将4平5

⑥兵七平六

捉死黑士，红方胜定。

图128

图129

第 129 局　双低兵（异侧）不胜双士

如图 129，红方先行。

本局中，红方八路兵较远，无法限制黑将行棋，红方无法取胜。

①兵八平七　将4进1

黑方守和的要点。

②兵七进一

红方如兵四平三，则士5退6，兵三平四，士6进5，和棋。

②……　　　将4进1

黑方将在宫顶线，红方双兵无法对黑将构成威胁。

③帅五进一　士5退4（和棋）

第130局　双低兵（同侧）不胜双士（1）

如图130，红方先行。

红方双兵在同侧，受到黑士的影响，无法形成左右夹击，利用一兵换士捉死另一士的局面，这样给了黑方守和的机会。黑方守和的要点是，双士要形成羊角士连环，特别是双兵在将侧时，尽量不要走成底士连环。

① 兵七进一　将4平5
② 帅五平四　士5进6
③ 兵八平七　将5平6

黑将运动到兵的另一侧是黑方守和的要点。

④ 后兵平六　将6进1　⑤ 兵七平六　士4退5

黑方运士走闲着，红方无法取胜。

⑥ 前兵平五　士5进4（和棋）

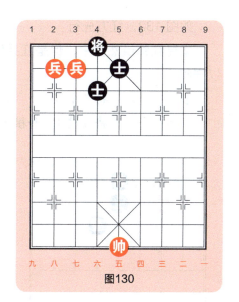

图130

第131局　双低兵（同侧）不胜双士（2）

如图131，红方先行。

① 帅四平五　将5平6
② 帅五进一　士5进4
③ 帅五平六　士6退5
　（和棋）

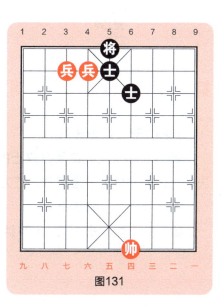

图131

第132局 双低兵（同侧）不胜双士（3）

如图132，红方先行。

本局红帅虽然占中，但是红兵位置较远，黑方有调整的机会，可以守和。

① 兵七平六　将5平6　　② 帅五平四　士5进4
③ 兵八平七　将6进1（和棋）

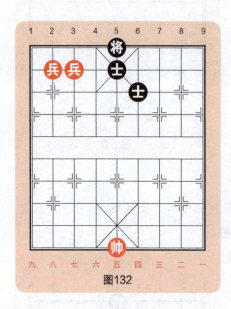

图132

图133

第133局 双低兵（同侧）不胜双士（4）

如图133，红方先行。

本局中红方双兵在黑方双士的另一侧，在缺少中帅的配合时，无法破士；黑方可出将走闲着，红方无法取胜。

① 帅四平五　将5平4　　② 兵四平五　士6进5
③ 兵三平四　士5进6（和棋）

第 134 局　双低兵（同侧）不胜双士（5）

如图 134，红方先行。

本局红帅虽占中路，但是红兵位置较远，无法用兵牵制黑方将、士，黑方可以调整成羊角士连环，守和红方。

① 帅五平六　士 5 进 4　　② 兵三平四　士 6 进 5
③ 帅六平五　将 5 平 4（和棋）

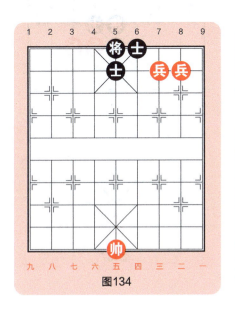

图134

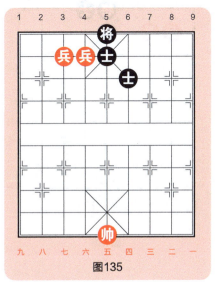

图135

第 135 局　双低兵（同侧）巧胜双士（1）

如图 135，红方先行。

① 兵六平五　士 6 退 5　　② 兵七平六　将 5 平 6
③ 兵六平五（红胜）

第136局 双低兵（同侧）巧胜双士（2）

如图136，红方先行。

红方双兵在将侧控制将门，可以获胜。

① 帅四平五　将5平4　② 兵八进一　士5进6

③ 兵八平七（红胜）

图136

图137

第137局 双低兵（同侧）巧胜双士（3）

如图137，红方先行。

本局红方中帅控制中路，双兵配合可以破士获胜。

① 兵四平五

红兵直接破士，黑方来不及调整。

①……　　　士6进5　② 兵三平四　将5平4

③ 兵四平五（黑方困毙）

第138局 双低兵（异侧）例胜双象（1）

如图138，红方先行。

本局中黑方无论是高象连环还是底象连环，其结果都是一样的。

①兵七平六　象7进9

黑方如将5平6，则兵六平五，红方胜定。

②兵三平四　象9退7　　③帅五平四　象5进7

④兵四进一（红胜）

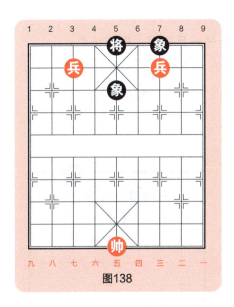

图138

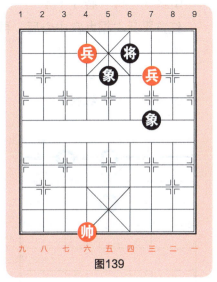

图139

第139局 双低兵（异侧）例胜双象（2）

如图139，红方先行。

红方用帅控制中路，控制黑方中象不能离中线，用另一兵捉吃黑象从而获胜。

①帅六平五　象7退9　　②兵三平二　象9进7

③帅五进一　象7退9　　④兵二平一　将6进1

⑤兵一平二　将6退1　　⑥兵二平三

此时黑方只能走中象，红方兵六平五控制宫心以后，用另一兵将军获胜。

第140局　双低兵（同侧）巧胜双象

如图140，红方先行。

本局中黑方双象受制于红方中帅和二路兵，红方可以迫使黑将离中，兵占宫心获胜。

① 兵三平四　将5平4　② 兵四平五

红方平兵占据九宫中心后，再运另一兵将军，形成绝杀。

② ……　　　象5退3　③ 兵二平三　象3进5
④ 兵三平四　象5退3　⑤ 兵四进一　象3进5
⑥ 兵四平五（红胜）

图140

图141

第141局　双低兵（异侧）例和双象（1）

如图141，红方先行。

本局中，红方双兵位置较低，黑将可以调整到宫顶线，守和红方双兵的进攻。

① 兵八平七　将4进1

黑方如将4退1，则兵四平五，黑方必败。

② 兵四平三　象7进9　　③ 兵七平八　象5进7（和棋）

第142局　双低兵（异侧）例和双象（2）

如图142，红方先行。

① 帅五进一　象5进3
② 兵四进一　象3退5

黑方退3路象是守和要点，如误走象7退5，则兵七平八，以下黑方如象3退1，则兵八平九，红方胜定；又如将4进1，则兵四平五，红方胜定。

③ 帅五退一　象7退9
④ 兵七进一　将4进1

（和棋）

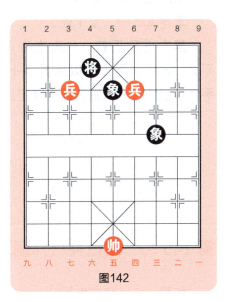

图142

第143局　双低兵（同侧）例和双象（1）

如图143，红方先行。

① 兵三进一　将4进1
② 兵三平二　象5进7
③ 兵四平五　象7退5

（和棋）

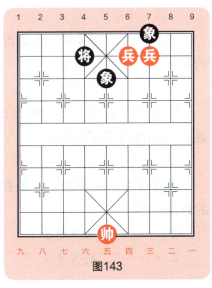

图143

第144局　双低兵（同侧）例和双象（2）

如图144，红方先行。

①兵八平七　象3退1

黑方退象稳健，不给红方八路兵从底线顺利突破的机会。

②帅五进一　象1进3

黑方进象正着，如改走将5平6，则兵六平五，以后再兵七平六从肋线攻入九宫，红方胜定。

③兵七进一　将5平6
④帅五退一　象3退1
⑤兵七平六　将6进1

（和棋）

图144

第145局　双低兵（异侧）巧胜单士象

如图145，红方先行。

①兵七平六

红方平兵控制黑将，是取胜的要点。

①……　　　士5进4

黑方如改走士5进6或士5退6，红方取胜思路相同。

②兵三平四

红方双兵卡在两肋是双低兵的最佳进攻棋形。

②……　　　士4退5
③兵六平五　将5平4

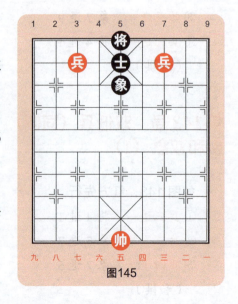
图145

④兵四进一　象5进3　　⑤兵四平五（红胜）

第146局　双低兵（异侧）不胜单士象

如图146，红方先行。

红方虽然是中帅，但是双兵位置较远，黑方有调整阵形的机会，可以守和。

①兵七平六　士5进6
②兵二平三　将5平6

黑方士象同侧是守和的最好棋形。

③帅五平四

红方如帅五进一，则象5进3，黑方用象走闲着，和棋。

③……　　将6平5
④兵三平四　象5进3（和棋）

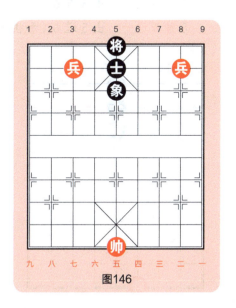

图146

第147局　双低兵（同侧）不胜单士象（1）

如图147，红方先行。

红方双兵在同一侧时，很难突破单士象的防守，黑方守和机会很多。

①兵七平六　士5进4

红兵无法占据宫心。

②兵八平七　将5平6
③兵七进一　将6进1
　（和棋）

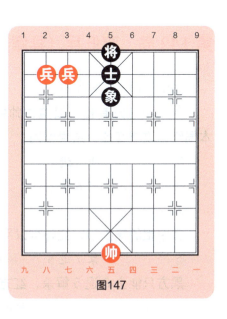

图147

第148局　双低兵（同侧）不胜单士象

如图148，红方先行。

① 帅六进一　士5进6　② 帅六平五　士6退5
③ 帅五退一　士5进6（和棋）

图148

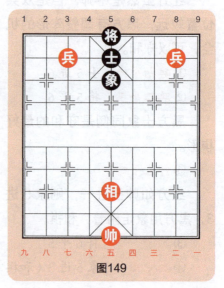

图149

第149局　双低兵（异侧）相例胜单士象

如图149，红方先行。

本局中红方有相可以掩护帅的转移，对肋兵提供火力支援。注：本局红相改成红仕，结果相同。

① 兵七平六　士5进6　② 兵二平三　将5平6
③ 帅五平四　将6平5　④ 兵三平四　象5进7
⑤ 帅四平五

在中相的掩护下，红帅可以平到六路支援红兵的进攻。

⑤……　　　象7退5　⑥ 帅五平六

黑方只能士6退5解杀，红方再兵六平五，胜定。

第150局　双低兵（同侧）相不胜单士象

如图150，红方先行。

① 相五进三　士5进4　② 相三退一　将5平4

③ 帅五平六　将4进1　④ 相一进三　象5进7（和棋）

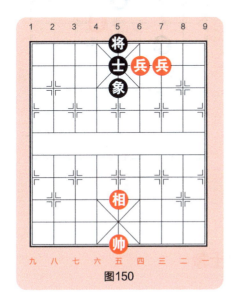

图150

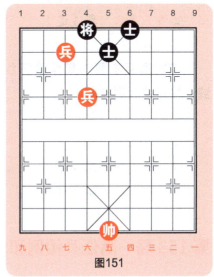

图151

第151局　高低兵例胜双士

如图151，红方先行。

① 帅五进一　士5进6

黑方如将4平5，则兵七平六先控将，接下来兵六平五再兵五进一，用一兵换双士，红方胜定。

② 兵六进一　士6进5　③ 兵七平六　将4平5

④ 前兵平五

红方一兵双换士，取胜的关键。

④……　士6退5　⑤ 兵六进一　将5平6

⑥ 兵六平五（红胜）

第152局　高低兵例胜双象

如图152，红方先行。

红方用帅助攻，分进低兵与高兵，抢占肋道获胜。

① 兵四平五　将6退1
② 兵五平六　象3退1
③ 兵六进一

红方高兵不要与黑象进行纠缠，快速冲兵到宫心。

③ ……　　象1退3
④ 兵二平三　象5进3
⑤ 兵六进一　象3退5
⑥ 兵六平五（红方胜定）

图152

第153局　高低兵相例和单士象

如图153，红方先行。

黑方将在二路线，将与士配合能避免红兵的纵向推进。象守中路，用士控制红兵占据九宫中心，和棋。

① 兵三进一　士6进5
② 兵三进一　象5进3
③ 兵三平四　士5进6
④ 相五退三　象3退5
⑤ 相三进一　象5进3

红兵无法占据黑方九宫中心，和棋。

图153

第154局　高低兵巧胜单士象

如图154，红方先行。

① 兵五平四

红方平兵塞象眼，不给黑象回中的机会。

① ……　　象7退9

② 帅四平五　象9退7

黑方如改走将4进1，则后兵进一，象9退7，帅五平六，象7进9，后兵平五，黑士必失，红方胜定。

③ 后兵进一　象7进9

④ 帅五平六　象9退7

⑤ 前兵平五

占据宫心以后，红方四路兵冲下去将军，形成绝杀。

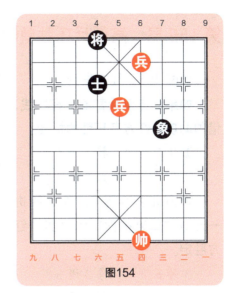

图154

第155局　高低兵例和单缺士

如图155，红方先行。

① 帅四平五　将4进1

② 帅五平六　象5进3

③ 兵五平六　士4退5

④ 帅六平五　士5退4

黑方士藏将后，形成"太公坐椅"棋形，守和的关键。

⑤ 兵六平七

红方如改走帅五平六，则士4进5，阻止红兵从肋道切入。

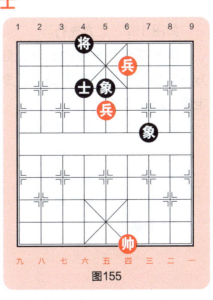

图155

⑤……   象7退9   ⑥帅五进一 象3退5（和棋）

第156局 高低兵巧胜单缺士

如图156，红方先行。

如果红方双兵都能卡在肋线，借帅助攻，红方有巧胜的机会。

①兵三进一 将5平6
②兵三平四 象5进3

黑方如将6平5，则兵四进一形成"二鬼拍门"的杀势，红方胜定。

③帅五平四 象3退5
④兵四进一 将6平5
⑤兵四进一（红胜）

图156

第157局 高低兵例和单缺象

如图157，红方先行。

黑方要保持象位的灵活，红方一兵换双士以后黑方仍可运象走闲，形成和棋。

①兵三平四 象5退7
②兵四进一 象7进9
③帅五进一 象9退7
④兵四进一 象7进9
（和棋）

图157

第 158 局　高低兵巧胜单缺象

如图 158，红方先行。

本局中，红方利用帅在中路拴链的作用，高兵从侧翼杀入，完成绝杀。

① 帅五进一　象5退3

黑方如士5进4，则后兵进一，士4进5，后兵平五，形成双兵必胜双士的局面。

② 后兵进一　象3进1
③ 后兵平三　象1进3
④ 兵三进一　象3退5
⑤ 兵三进一　象5进3
⑥ 兵三平四（红胜）

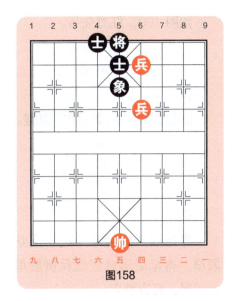
图158

第 159 局　高低兵仕不胜卒单士

如图 159，红方先行。

红方能否取胜，取决于红兵的位置，本局红兵位置不佳，无法控制黑将，黑方可以守和。

① 兵三平四　将4进1
② 兵五进一　士5退4
③ 仕四进五　卒5进1
④ 仕五退六　卒5平6
⑤ 帅五进一　卒6平5

（和棋）

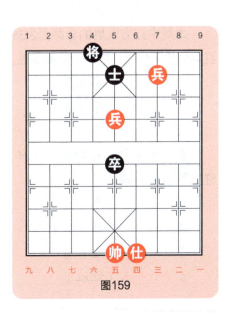
图159

第160局　高低兵仕巧胜卒单士

如图160，红方先行。

① 兵五进一　士5退6
② 帅五进一　卒5平4
③ 兵五平六

红方准备掩护七路兵攻到肋线。

③ ……　　　卒4平5
④ 兵七平六　将4平5
⑤ 后兵平五　卒5平4
⑥ 帅五平六

黑方以后只能卒4进1送吃黑卒，得卒后形成双低兵例胜单士残局，红方胜定。

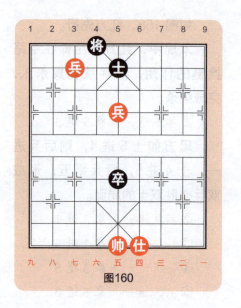

图160

第161局　双低兵仕巧胜卒单士

如图161，红方先行。

本局中红方取胜的思路是发挥红帅的拴牵作用，控制中卒而取胜。

① 帅四平五　卒6平5
② 仕五退六　卒5进1
③ 帅五进一

进一步中帅，控制黑方中卒，红方取胜的关键。

③ ……　　　卒5进1
④ 帅五平六　卒5进1
⑤ 仕六进五　士6退5
⑥ 兵六平五（红胜）

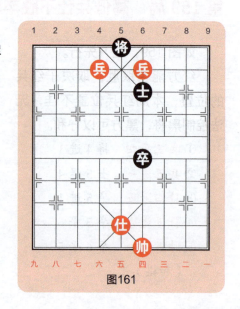

图161

第 162 局　高低兵仕巧胜卒单象

如图 162，红方先行。

① 兵五平四　卒 5 进 1　② 兵四进一　将 4 平 5

③ 兵四进一　象 7 进 9　④ 兵七平六　象 9 退 7

红方双兵卡在双肋，不必借助帅力，平兵占据宫心，再用另一兵将军即胜。

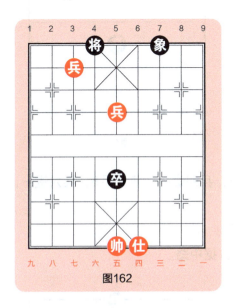
图162

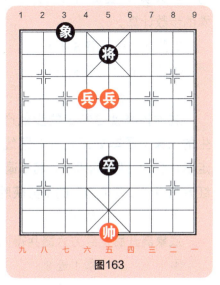
图163

第 163 局　双高兵不胜卒单象

如图 163，红方先行。

黑方守和要点在于用卒拦帅，不给红帅发挥助攻作用。

① 兵六进一　卒 5 平 6　② 帅五进一　卒 6 平 5

③ 兵五平四　将 5 平 6　④ 帅五退一　将 6 平 5

⑤ 兵四进一　卒 5 进 1　⑥ 帅五平六　卒 5 平 4

黑方用卒遮挡红帅，和棋。

第 164 局　高低兵巧胜卒单象

如图 164，红方先行。

本局看起来和上一局第 2 回合后形成的结果相似，但是由于红帅的位置不同，产生的结果也不同。这类情况在象棋残局中称为"步数棋"，胜负结果取决于特殊的步数计算。

图164

① 兵五平四　将 5 平 6
② 帅五平四　卒 5 平 6
③ 帅四进一

进帅控卒就是特定的步数产生的结果，黑卒如果让开 6 路线走卒 6 平 5，则兵四进一，将 6 退 1，兵四进一，将 6 平 5，兵六进一，红方利用"二鬼拍门"的杀势获胜。

③ ……　　象 3 进 1　④ 兵六平五

底象离开后，红方六路兵得以占据中路。

④ ……　　象 1 进 3
⑤ 兵四进一　将 6 退 1
⑥ 兵五进一（红方胜定）

第 165 局　双低兵例和卒单士象

图165

如图 165，红方先行。

黑方以卒遮帅，用士保住九宫中心，用象走闲着，即成和局。

① 帅六平五　卒 4 平 5

② 兵六平七　将5平4　　③帅五退一　象5进3（和棋）

第166局　双高兵例和卒单士象

如图166，红方先行。

① 兵六进一　象5退7
② 兵三进一　士6退5
③ 兵六进一　士5进4

黑方支高士防止红兵抢占宫心。

④ 兵三平四　将5平6

黑方不能让红方兵四进一冲下来。

⑤ 帅六平五　卒4平5
⑥ 帅五平四　卒5平6

红方接下来如兵四平三，则将6进1，和棋。

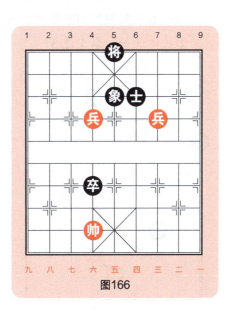

图166

第167局　双低兵仕例和卒单士象

如图167，红方先行。

① 帅六平五　卒4平5
② 兵四进一　象7进9
③ 兵四平三　将5平6
④ 仕五退四　卒5进1
⑤ 仕四进五　象9进7

（和棋）

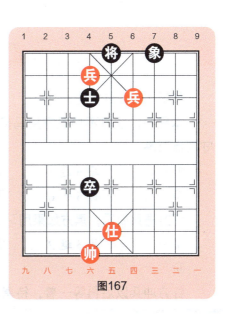

图167

第168局　双低兵仕巧胜卒单士象

如图168，红方先行。

本局中，黑方象和卒都无法起到防守作用，红方有巧胜的机会。

注：本局如果黑方象在底线或者卒在4路线上，黑方均可以守和。

① 兵四进一　象1退3　② 兵四平五（红胜）

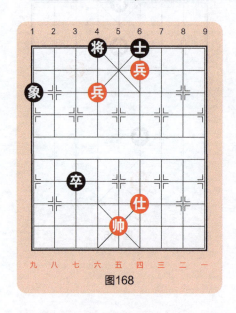

图168

图169

第169局　双高兵例胜单马

如图169，红方先行。

本局中，红方不怕黑方用马换兵，利用等着反复逼迫黑马离开防守要点而胜。

① 兵六进一　马6进4　② 兵五进一　马4退3

③ 兵五进一　将5平6　④ 兵六进一

红方进兵简明，黑方如果用马换兵，则转换成低兵必胜单将残局。

④……　　　马3退2　⑤ 帅五平六　马2进4

⑥ 兵六进一

红方冲兵以后再等一着，待黑马离位以后，兵六平五胜。

第170局　双低兵例胜单马

如图170，红方先行。

① 兵六进一　马6进8　　② 兵四进一　马8进7
③ 帅四进一　马7退6　　④ 兵四进一　将5平6
⑤ 兵六平五（黑方困毙）

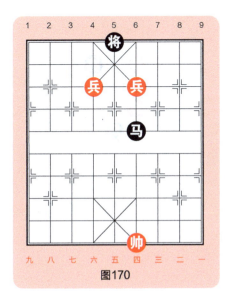

图170

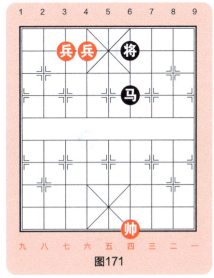

图171

第171局　单马巧和双低兵

如图171，红方先行。

本局中，如果黑将在底线，红方可兵六平五获胜，但是将在二路线，红方无法控制黑将，黑方可以巧和。

① 帅四进一　将6进1　　② 帅四平五　将6退1（和棋）

第172局　单马巧和高低兵

如图172，红方先行。

① 帅六进一　马6退4　② 兵六进一　马4进3
③ 帅六进一　马3退4　④ 帅六退一　将5平6
⑤ 兵七平六　将6进1　⑥ 帅六退一　将6退1（和棋）

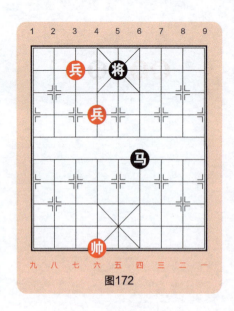

图172

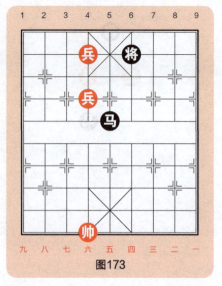

图173

第173局　高低兵巧胜单马

如图173，红方先行。

① 帅六平五　马5进3　② 后兵平五　马3退5
③ 兵五进一　马5退3　④ 兵六平五　将6退1
⑤ 后兵平四（红胜）

第174局　双高兵例和马单士

如图174，红方先行。

本局在第 169 局基础上增加一士后，黑方可以守和双兵的进攻。守和思路是马和士协同防守，不给红兵占据宫心的机会，迫使红方一兵只能换一士，形成马和单兵残局，或者用马换兵形成单士例和单兵残局。

① 兵六进一　马 6 进 4　　② 兵五进一　马 4 退 3
③ 帅六平五　马 3 进 5　　④ 帅五平六

红方如帅五进一，则马 5 退 4 白吃红兵，和棋。

④……　　马 5 退 3　　⑤ 帅六平五　将 5 平 4（和棋）

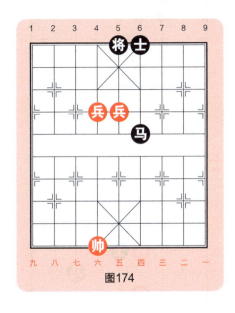

图174

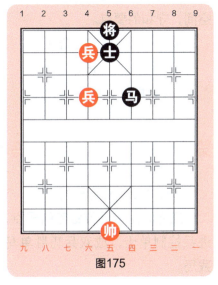

图175

第 175 局　高低兵例和马单士

如图 175，红方先行。

① 后兵平五　马 6 退 7

黑方退马守住中路的同时，限制红方兵五平四的线路，不给红方两翼夹击的机会。

② 帅五进一　士 5 退 6　　③ 帅五平六　士 6 进 5（和棋）

第176局　双低兵例和马单士

如图176，红方先行。

① 帅六退一　将5平6

黑方出将好棋，以后利用将走闲着。

② 后兵平七　马7进9

③ 帅六进一　马9进7

黑方进马守住中路和将前的空间，守和的要点。

④ 帅六平五　将6进1

⑤ 兵七平六　将6进1

（和棋）

图176

第177局　高低兵巧胜马单士

如图177，红方先行。

红方利用黑马位置差的弱点，进兵控制单士，成双兵巧胜单马残局。

① 后兵进一　马7进5

② 后兵平五　士5进4

黑方如改走士5退6，则兵五平四，士6进5，兵四进一，马5退4，兵四平五，下一着再兵五平六，转换成低兵例胜单将残局。

③ 兵五平六　将5平6

④ 后兵平五　马5进4

⑤ 兵五平四　马4退5

⑥ 兵六平五（红方胜定）

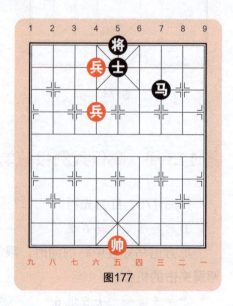

图177

第178局　双低兵巧胜马单士

如图178，红方先行。

本局中红方以帅助攻，双兵胁士两翼夹攻，可以巧胜。注：本局如黑方先行，则士5退6可以守和。

① 帅四平五　马3进5
② 兵七平六　士5进4
③ 帅五退一　士4退5
④ 兵四平五　将5平6
⑤ 兵六进一　马5退4
⑥ 帅五平六（红方胜定）

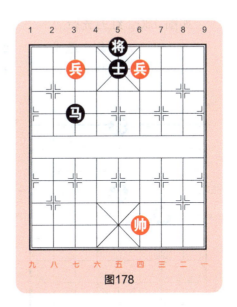

图178

第179局　高低兵相例和马单象

如图179，红方先行。

黑方以象走闲着，以马守九宫，可以守和。

① 相五退七　象3退1
② 兵三平四　马5进4
③ 兵四进一　马4退6
④ 兵四进一　马6退5
⑤ 兵七平八　马5进6
⑥ 兵四平五　马6退5
　（和棋）

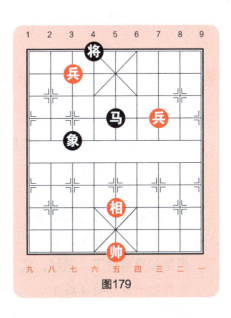

图179

第180局　双低兵巧胜马单象

如图180，红方先行。

① 兵七平六　象3退5　　② 兵三平四　马5进4
③ 兵四平五　将5平6　　④ 兵六进一（红方胜定）

图180

图181

第181局　高低兵例胜单炮（1）

如图181，红方先行。

本局中，红方用帅助攻，牵制黑炮，用双兵联杀。

① 兵七进一　将4退1　　② 帅五退一　炮5进1
③ 帅五平四

红方出帅准备四路兵平中。

③ ……　　　炮5平8　　④ 兵四平五　炮8平6

黑炮如果离开下二路线，红方兵七进一进攻速度更快。

⑤ 兵七平六　将4退1　　⑥ 兵五进一　炮6平8
⑦ 帅四平五

下一着兵五进一，红方胜定。

第 182 局　高低兵例胜单炮（2）

如图 182，红方先行。

同上一局相比，虽然红方四路兵位置更低，但是红兵仍然可以控制黑将，形成胜势。

① 兵四平五　炮 5 平 4　　② 帅四平五　炮 4 平 2

③ 兵七进一（红胜）

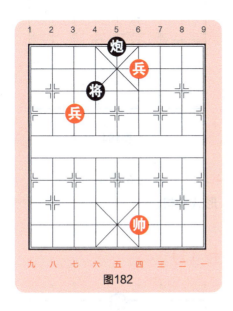
图182

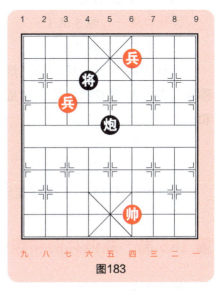
图183

第 183 局　单炮巧和高低兵（1）

如图 183，红方先行。

本局中红方双兵位置与第 182 局相同，但由于黑炮位置不同，黑方可以发挥炮的遮挡作用，守和红方。

① 兵七平六　将 4 平 5　　② 兵六平五　将 5 平 4

③ 兵五平四　炮 5 进 1　　④ 后兵进一　炮 5 退 1

⑤ 帅四平五　炮 5 进 1（和棋）

第184局　单炮巧和高低兵（2）

如图184，红方先行。

本局与第182局相比，红方双兵的位置发生变化。七路低兵起不到控将的作用，黑方有机会守和。

① 兵四平五　炮5进1

黑方不能让红帅占据中路。

② 帅四退一　炮5退1

③ 兵五平六　将4平5

黑将占中以后，可以把底炮移到将前，起到遮挡作用，形成和棋。

④ 兵七平六　炮5平6

⑤ 后兵平五　将5平4　　⑥ 兵六平五　炮6进4

以后用炮守住将门，运炮走闲，形成和棋。

图184

第185局　高低兵例和炮单士（1）

如图185，红方先行。

本局中黑方增加一士，强化了防守力量，可以守和高低兵的进攻。黑方守和要点在于，退士至6路，然后中炮平边，及时守住底线，可以成和。

① 兵五进一

红方进兵控制黑方士5进6遮挡帅位的机会。

①……　　　士5退6

图185

黑方如士5进6，则兵五平四，炮5平1，后兵平五，炮1退3，兵四平五，红方胜定。

②兵四进一

红方如兵五平六，则炮5平6，黑方用炮遮将门，和棋。

②……　　将5平4　　③兵五平六

红方如改走兵五进一，则炮5退1，帅四平五，炮5进1，和棋。

③……　　炮5平1　　④帅四平五　炮1退4（和棋）

第186局　高低兵例和炮单士（2）

如图186，红方先行。

黑方防守要领主要有两个：一是用肋炮照将，使红兵不能从肋线直下；二是炮守底线严密防守。

①兵三平四

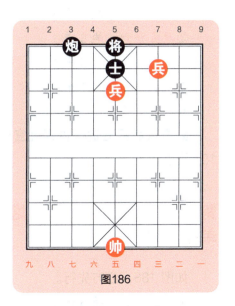

图186

红方如兵五进一，则将5平4，兵三平四，炮3进4，帅五平四，炮3平5，炮遮将门可以守和。

①……　　士5退6

②帅五平六

红方如改走帅五平四，则炮3平2，兵五平六，炮2进1，兵四进一，将5平4，兵六平五，炮2退1，捉死红方底兵，和棋。

②……　　炮3平4　　③帅六进一　炮4平3

④兵五平六　炮3平4　　⑤兵六平七　炮4平1（和棋）

第187局　高低兵巧胜炮单士

如图187，红方先行。

红方双兵联攻，先挺兵捉死黑士，再从中路攻入九宫。红方在进攻时需要注意的是，当黑炮平中禁兵时，应先避帅再进兵。

① 兵五进一　士5进4

黑方如炮4平5，则兵三进一，将6退1，兵五进一，红方胜定。

② 帅六平五　炮4平5
③ 兵五平六　炮5进1
④ 帅五平六　炮5平1
⑤ 兵六平五　炮1平2
⑥ 帅六平五

红方以后兵五进一占据九宫中心，即可胜定。（具体胜法参见第181局）

图187

第188局　双高兵例和炮单象（1）

如图188，红方先行。

① 兵四进一　将5进1

黑方进将保象，管制红兵。如改走象5进7，则兵四进一，将5平4，兵六进一，炮5平1，兵四平五，红胜。

② 兵六进一　象5进7
③ 帅五平六　炮5平4
④ 帅六进一　炮4进1

图188

黑方用炮遮挡红方帅门，阻止红帅的助攻，和棋。

第189局　双高兵例和炮单象（2）

如图189，红方先行。

黑方炮在底线照将打兵，终成高兵例和单象残局。

① 兵六平五　炮6平5　　② 兵三平四　炮5进1

③ 帅五平六　炮5进2　　④ 兵四平五　象5进7（和棋）

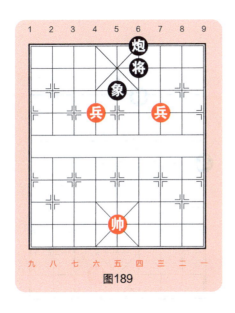

图189

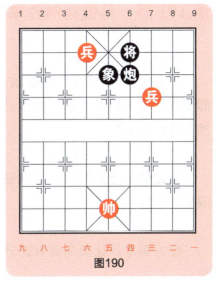

图190

第190局　高低兵巧胜炮单象

如图190，红方先行。

本局中黑炮如果在底线则是和棋。

① 兵三平四　炮6平8　　② 帅五平四　将6退1

黑方如炮8退1，则兵四进一，将6退1，兵四进一，红方下一着再兵四进一绝杀。

③ 兵四进一　将6平5　　④ 兵四进一（红方胜定）

六、马兵类残局

第191局　马低兵例胜单马

如图 191，红方先行。

单马无法守和马低兵进攻，即使是黑马与红马交换，或以马换兵都无法守和。

① 马六退八　马1进2

黑方最顽强的防守方法就是限制红马将军。

② 帅四平五

红方等着，让黑马离开防守要点。

②……　　马2退3

当红方马九进八时，黑方可以马3退2加强防守。

③ 帅五退一

红方再等一着，看黑马的动向。

③……　　马3进2

黑方如马3退2，则马八退六，马2进1，帅五进一，黑马只能离开防守要道，红方马六进七取胜。

④ 马八退六　马2退1

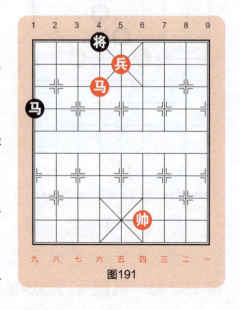

图191

黑方如改走马2退4，则帅五平六，黑方困毙。

⑤帅五进一　马1进3　　⑥马六进七（红胜）

第192局　马低兵例和单炮

如图192，红方先行。

①马四进六　炮1平5

黑方炮守中线遮挡红帅是守和的要点。

②马六进四　炮5退1　　③马四退三　炮5进1

④马三进二　将4平5　　⑤兵五平六　将5平6（和棋）

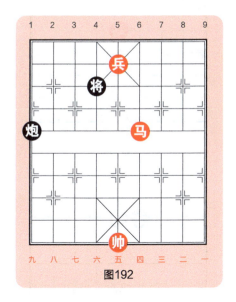
图192

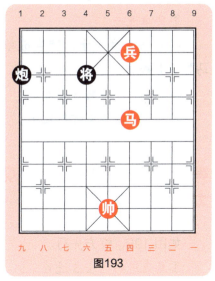
图193

第193局　马低兵巧胜单炮

如图193，红方先行。

①马四进六

红方进马抢占要点，以后配合红兵抢占宫心，正确。

①……　　　炮1退2

黑方如炮1进4，则马六退七，炮1平4，马七进八，将4退1，兵四平五叫将后，下一着再马八进九，红方胜定。

②兵四平五　炮1进3　　③马六进八　炮1平5

④马八退七　将4平5

黑方如炮5平3，则帅五退一，黑方困毙。

⑤马七进五（红方胜定）

第194局　马低兵例胜双士

如图194，红方先行。

①兵三平四　士5进4

②兵四进一

红方一兵换一士，转换成单马胜单士残局。

②……　　　将5平6

③马五进四（红方胜定）

第195局　马底兵例胜双士（1）

如图195，红方先行。

①马五进四　士5进6

②马四进六

红方进马将军，迫使黑将不安于位，失去保护底士的能力。

②……　　　将5进1

③马六进八　将5退1

④帅六进一

红方进帅等着，等黑方将5

进 1 离位。

④……　　将 5 进 1

黑方如士 6 退 5，则帅六平五，黑方困毙。

⑤ 马八进六

破士后，红方胜定。

第 196 局　　马底兵例胜双士（2）

如图 196，红方先行。

① 兵二平三　　将 6 进 1

② 马一退三　　士 5 进 4

③ 马三进二

红方进马叫将，把黑将限制在宫顶线。

③……　　将 6 进 1

④ 兵三平四　　士 4 进 5

⑤ 兵四平五

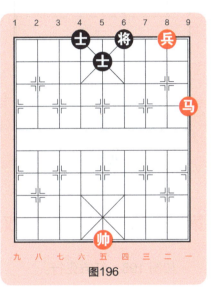

图196

红方形成"篡位兵"是发挥底兵威力的最好位置。这也是本局红方的制胜点。

⑤……　　士 5 退 6　　⑥ 兵五平四

破士后，红方胜定。

第 197 局　　马底兵例胜双士（3）

如图 197，红方先行。

① 帅五退一　　将 4 进 1　　② 兵三平四　　将 4 退 1

③ 兵四平五

红兵抢占制胜要点，下一步运马控将，破士取胜。

③……　　将4进1　　④马四退二　将4退1

⑤马二退四　士5退4　　⑥兵五平六

破士后,红方胜定。

图197

图198

第198局　马底兵例胜双士（4）

如图198,红方先行。

①马三退一　将6进1　　②马一退三　士5退6

③马三进二　将6进1

红方连续运马控将,迫使黑方将、士分离无法相互保护。

④兵七平六　士4退5　　⑤兵六平五　士5退4

⑥兵五平四

破士后,红方胜定。

第199局　马底兵例胜单象

如图199，红方先行。

本局中如果没有底兵，黑方可以守和。红方利用底兵限制黑将，使黑方无法形成"门东户西"棋形，破象取胜。

① 马四进三　象9退7
② 马三进五　象7进5

黑方如改走象7进9，则马五退四，将4进1，兵七平六，无论黑方象9退7或象9进7，红方都可吃象获胜。

③ 马五退四　将4平5

黑方如将4进1，则马四退五，将4退1，马五进七抽吃黑象，胜定。

④ 马四进二　将5退1　⑤ 马二退三　将5进1
⑥ 马三进五

得象后，红方胜定。

第200局　马低兵例胜双象

如图200，红方先行。

红兵借助马的力量，占据九宫中心，再用马将军获胜。

① 兵七平六　象7进9
② 兵六平五　将5平6
③ 马六退四　象9进7
④ 马四进三（红胜）

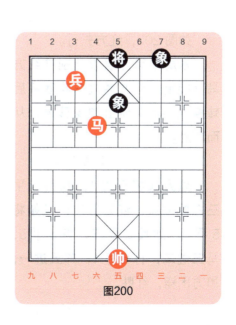
图200

第201局　马底兵例和双象

如图201，红方先行。

本局中红方底兵不能控制黑将，黑方只要不失象即可守和。

① 马二进四

红方如兵二平三，则象5退7，马二进三，象3退5，马三退二，将4进1，马二进四，象5进7，形成单马例和单象的残局。

① ……　　　　将4进1
② 兵二平三　　象5进7
③ 兵三平四　　象3退5
④ 马四退二　　象7退9
⑤ 马二退四　　象5退7（和棋）

图201

第202局　马底兵巧胜双象（1）

如图202，红方先行。

本局中黑方双象分别被红方马兵控制，红方通过白吃底象后转换成马底兵例胜单象残局，从而巧胜。

① 帅六平五　　将5平4

黑方如将5进1，则兵二平三白吃底象，红方胜定；又如将5平6，则兵二平三，将6平5，马三进二，将6进1，帅五进一，黑方困毙，红胜。

图202

② 马三进四　将4进1　　③ 兵二平三

破象后，红方胜定。

第203局　马底兵巧胜双象（2）

如图203，红方先行。

① 马五进四　象7进9

黑方如改走将5平6，则马四进三，象5退3，兵二平三，破象红胜。

② 马四进三　将5平6　　③ 马三退一（红方胜定）

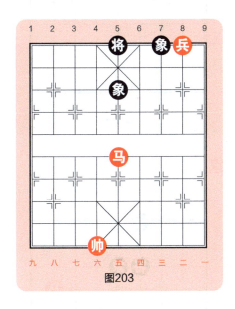

图203

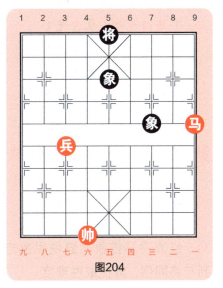

图204

第204局　马高兵例胜双象（1）

如图204，红方先行。

本局中，红兵在黑象的控制下一时难以过河，红方要用马来配合兵过河，红兵过河后，红方即可取胜。

① 帅六平五　将5平4

黑方如改走将5平6，则马一进三，象7退9，兵七进一，红兵过河，红方胜定。

②马一退三　将4进1　③马三退四　象7退9

④马四进五　象9进7　⑤马五进六　象7退9

⑥兵七进一

红兵过河，红方胜定。

第205局　马高兵例胜双象（2）

如图205，红方先行。

①马四进六　象3进1

②马六进七　将5进1

③马七退九　象5退7

④兵七进一（红方胜定）

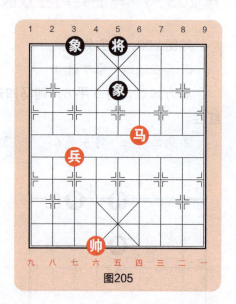

图205

第206局　马低兵例胜单士象

如图206，红方先行。

①马二进四

红方进马控象，迫使黑象走到与将同侧，降低取胜难度。

①……　　　象5退3

②马四退五　将4平5

③帅五平四

红方帅兵同侧，增强兵的控制力量。

③……　　　象3进1

黑方如士4进5，则马五进

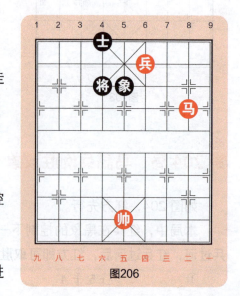

图206

七，将5平4，兵四平五，破士后，红方胜定。

④马五进七　将5平4　　⑤马七进九

得象后，红方胜定。

第207局　马底兵例胜单士象（1）

如图207，红方先行。

①马二进三

红方进马控制黑象。

①……　　　将4进1

黑方无论士5进6或士5进4，红方均兵五平四捉死象，胜定。

②马三退四　将4退1

③马四进五

破士后，红方胜定。

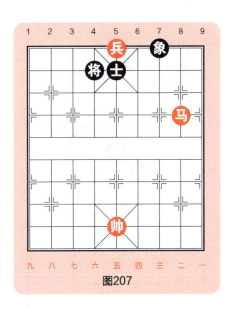

图207

第208局　马底兵例胜单士象（2）

如图208，红方先行。

①马五进三　将5退1

②兵五平四　象7退5

③帅六平五　将5平4

④马三进五

破象后，红方胜定。

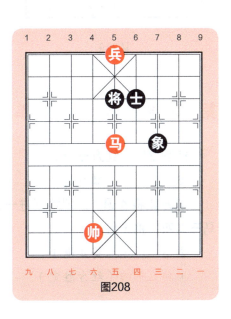

图208

第 209 局　马底兵例胜单士象（3）

如图 209，红方先行。

① 兵六平五　象 7 进 5　② 帅六平五　将 5 平 6
③ 马三退一　将 6 平 5　④ 马一退三　将 5 退 1
⑤ 马三进五

得象后，红方胜定。

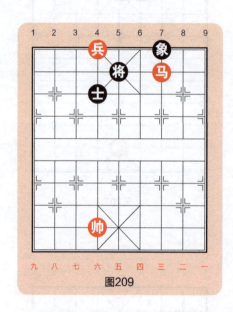
图209

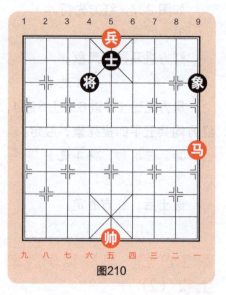
图210

第 210 局　马底兵例胜单士象（4）

如图 210，红方先行。

① 马一进二　象 9 退 7

黑方如将 4 退 1，则帅五进一，将 4 进 1，马二进三，象 9 进 7，马三退四，抽士胜。

② 马二进三　将 4 退 1　③ 帅五进一　士 5 进 6
④ 兵五平四（红方胜定）

第 211 局　马底兵例胜单士象（5）

如图 211，红方先行。

① 马七退五　将 4 平 5
② 帅五平六

红方帅平六路，乃获胜关键之着，其作用是逼将归于一边，如误走帅五平四，则将 5 退 1，兵五平四，象 7 退 9，由于红帅未能控制六路线，一时难以取胜。

②……　　　士 6 退 5
③ 帅六进一　士 5 进 6
④ 马五进三　将 5 退 1
⑤ 兵五平六　象 7 退 5　⑥ 帅六平五

捉死中象，红方胜定。

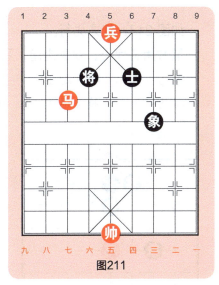

图211

第 212 局　马底兵例胜单士象（6）

如图 212，红方先行。

本局与第 206 局相比，红方四路兵在底线，红方要马兵配合，夺士获胜。

① 兵四平五　将 4 退 1

黑方如改走士 4 进 5，则马二进三，象 5 退 7，马三退四，将 4 进 1，马四进五，得士胜定。

② 马二退四　象 5 退 7
③ 马四进六　象 7 进 5
④ 马六进八　将 4 平 5
⑤ 兵五平六（红方胜定）

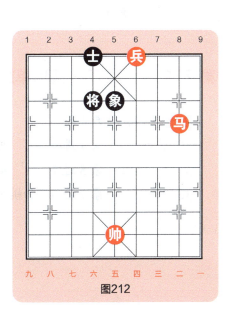

图212

第213局　马底兵例和单缺士（1）

如图213，红方先行。

黑方用将保士，双象走闲，马底兵不胜单缺士。

① 马五进七　将4进1　② 帅五平四　象5退7
③ 马七进八　将4退1　④ 帅四平五　象3退5（和棋）

图213

图214

第214局　马底兵例和单缺士（2）

如图214，红方先行。

① 马六进四　象7进9　② 马四进二　将5平6
③ 帅六平五　象5进7　④ 帅五平四　将6退1
⑤ 帅四退一　象7退5（和棋）

第 215 局　马底兵巧胜单缺士

如图 215，红方先行。

本局中，红方马、兵有控制黑方双象活动的机会，黑将无法露头，红方可以巧胜。

① 马二进三　将 5 退 1
② 马三进二　士 6 退 5

黑方如将 5 进 1，则帅六退一（如马二退四，象 7 进 9，和棋），将 5 退 1，马二退四，将 5 进 1，兵二平三，红方胜定。

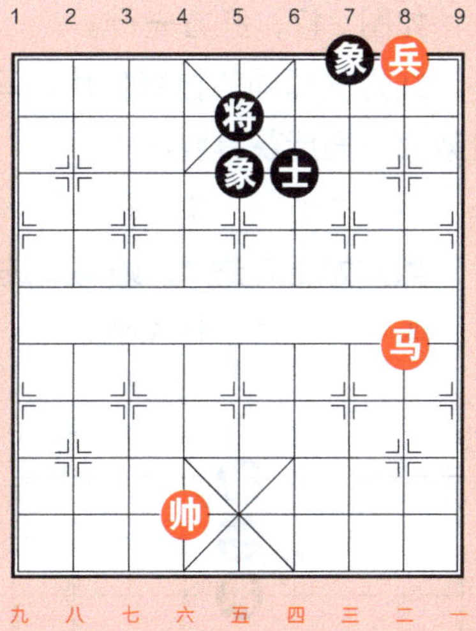

③ 帅六进一　士 5 退 4
④ 兵二平三　象 5 退 7
⑤ 马二退四　将 5 平 6　　⑥ 马四进三

转换成单马例胜单士残局，红方胜定。

第 216 局　马低兵例和单缺士

如图 216，红方先行。

黑方守和要点在于让士在将底呈"太公坐椅"棋形，双象随时策应中路，保持高位的连环象。

① 马七进五　象 3 退 5
② 帅五进一　象 5 进 3
③ 马五进四　象 3 退 5

（和棋）

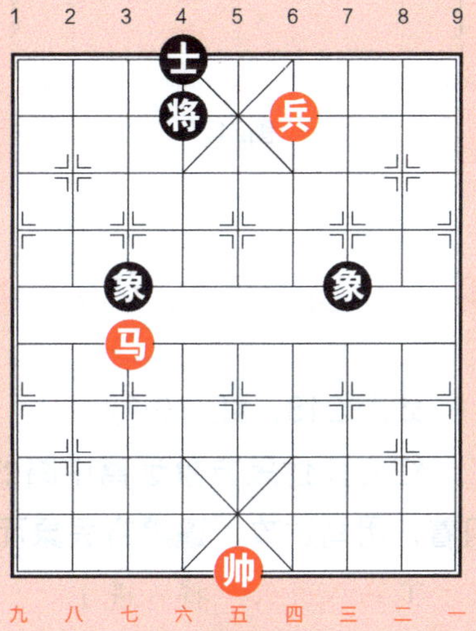

第217局 马低兵巧胜单缺士（1）

如图217，红方先行。

红方发挥帅的拴牵作用，马兵配合逼迫黑方丢士，转换成马低兵胜双象残局后获得胜利。

① 马三进一　象7退9　② 马一进二　士5进6

黑方如士5进4，则马二进三，绝杀。

③ 马二进四　将5平6　④ 兵六平五（红方胜定）

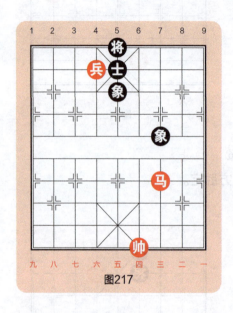

图217

图218

第218局 马低兵巧胜单缺士（2）

如图218，红方先行。

红方抓住黑方象远离中路的弱点，用兵控士，用帅控制中路并走闲着，用马进攻，逼黑方丢象而胜。

① 马八进六　将6进1　② 帅五进一　象1进3

③ 马六退七（红胜）

第219局　马低兵巧胜单缺士（3）

如图219，红方先行。

① 马八退七　将4进1

黑方如改走将4退1，则兵四进一，象7退9，马七进五，红方胜定。

② 马七退六　象7退9
③ 马六进四　象5退3
④ 马四进三　象9退7
⑤ 马三进四

以后红方兵四平三并调整马位，转换成马低兵胜双象残局，红方胜定。

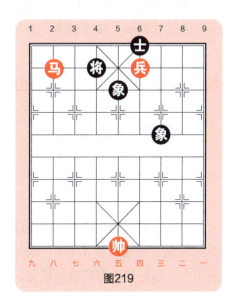
图219

第220局　马低兵例和单缺象（1）

如图220，红方先行。

黑方要"门东户西"，即将在右象在左，左羊角士，黑将露头在无兵一边，使红方无法形成左兵右帅局势，才能守和。

① 马六退五

红方如马六进七，则将4进1，马七退五，将4进1，兵三平二，象9退7，以后黑方可以通过象7进5，再象5进7进行转移，和棋。

①……　　　象9进7

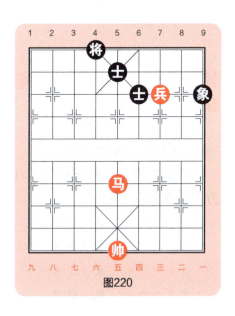
图220

②马五进三　将4进1　③马三进五　将4退1

黑方如象7退9，则兵三平四，士5进6，马五进四，红方胜定。

④兵三平四　士5进6　⑤马五进四　象7退5（和棋）

第221局　马低兵例和单缺象（2）

如图221，红方先行。

①马四进六　象5进7

②兵三平四　象7退9

③马六进七　将4进1

黑方上将正确，将要保持在红兵的异侧。如改走将4平5，则帅五平六，以后红方有巧胜的机会。

④马七退五　将4退1

⑤马五退六　象9退7

黑象同样要与将在异侧。

⑥马六进七　象7进9

（和棋）

图221

第222局　马低兵巧胜单缺象（1）

如图222，红方先行。

本局中黑将已经被控制，红方用马将军即可获胜。

①马七退九　象3退5

②马九退七　象5进3

③马七退八　象3退5

④马八进九　象5退7

图222

⑤马九进八（红胜）

第 223 局　马低兵巧胜单缺象（2）

如图 223，红方先行。

① 帅五进一　士 5 退 4

黑方如士 5 退 6，则兵四进一，形成马底兵例胜单士象残局；又如士 5 进 4，则帅五平六，士 6 退 5，马八退七，将 4 退 1，兵四平五，红方胜定。

② 马八退七　将 4 进 1
③ 马七退五　将 4 平 5
④ 帅五平六　士 6 退 5
⑤ 马五进三　将 5 平 6
⑥ 帅六平五

红方以后兵四平三，再用马照将即胜。

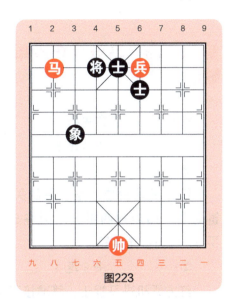

图223

第 224 局　马低兵巧胜单缺象（3）

如图 224，红方先行。

红方运子取势，用兵兑换双士，用帅助攻，用马禁将得象胜。

① 马四进三

红方进马管住将与象的活动，是本局获胜的关键之着。

① ……　　象 3 退 1
② 马三退五　将 6 退 1

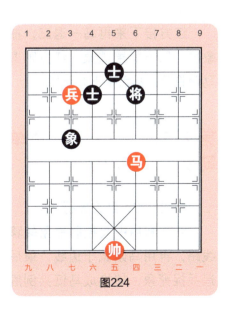

图224

黑方如走将6平5，则帅五平四破士象胜。

③兵七平六　士5进4　　④马五进六　将6退1

⑤帅五进一

禁将得象后，红方胜定。

第225局　马低兵巧胜单缺象（4）

如图225，红方先行。

①马七退五　士4退5

②马五进三

红方进马管象，是获胜的关键之着。如走帅四平五，则将5平6，红方要走弯路。

图225

②……　　士5退4　　③马三进四

红方乘机进马捉士，算准接下来可以再退马威胁象。

③……　　士4进5　　④马四退二　象7退5

⑤马二进一

红方接下来再马一退三，抽象胜。黑方如果逃象，红方则退马照将后，兵六平五吃士胜。

第226局　马高兵例胜单缺象

如图226，红方先行。

红方利用中兵控制黑象转移线路，再用马禁象于边线，最后运兵捉死象，转换成马低兵例胜

图226

双士残局。

① 马七进九　象3退1　② 马九进八

红方把象禁在边路，以后用兵捉死黑象。

② ……　　　士5进4　　③ 兵五平六　士4退5

④ 兵六平七　士5进6　　⑤ 兵七平八　士6退5

⑥ 兵八平九（红方胜定）

第227局　马高兵例和士象全（1）

如图227，红方先行。

当红方中马高兵时，黑方要以将制兵，用象走闲着，当红马离开中路时，黑将要迅速归中，随即调整士的位置，以一士制兵，保住宫心，另一士遮头，如士、将均不能动时，则用象走闲着，才能守和。

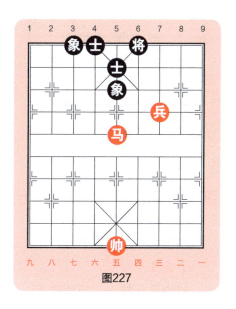

图227

① 兵三进一　将6进1

② 兵三进一　将6退1

③ 马五进三　将6平5

④ 兵三平四　士5退6

⑤ 马三退五　士4进5

⑥ 帅五平六　象5进3（和棋）

第228局　马高兵例和士象全（2）

如图228，红方先行。

① 兵六进一　士6进5　　② 兵六进一　象5退7

③ 马八退七　将5平6

利用高士的保护，黑将的活动空间加大。

④帅五平四　将6平5　　⑤马七退五　象7进5

⑥帅四平五　将5平6（和棋）

图228

图229

第229局　马高兵巧胜士象全（1）

如图229，红方先行。

①兵五平四

红方平兵控士，简明有力。

①……　　　士5退4

黑方如改走马5退7，则马八退六，将5平4，马六进七，得象后，红方胜定。

②马八退六　将5进1　　③马六进七

得象后，红方胜定。

第 230 局　马高兵巧胜士象全（2）

如图 230，红方先行。

① 马一进三　将 6 退 1　　② 马三进二　将 6 平 5

③ 兵四进一　士 5 退 6　　④ 兵四进一

破士后，红方胜定。

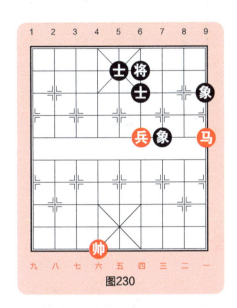

图230

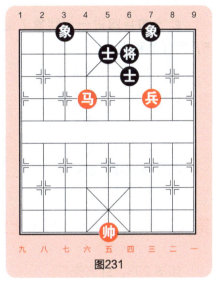

图231

第 231 局　马高兵巧胜士象全（3）

如图 231，红方先行。

① 帅五平四　象 3 进 5　　② 兵三进一　象 5 退 3

③ 兵三进一　将 6 退 1　　④ 马六进五

破士后，红方胜定。

第 232 局　马低兵例和士象全（1）

如图 232，红方先行。

本局是黑方守和的最佳棋形。

① 马七进八　象5退3

② 马八进七

红方如马八进六，则将4进1粘住红马，和棋。

②……　　　将4进1

③ 马七退六

红方如兵四进一，则象7进5，同样是和棋。

③……　　　将4退1

④ 马六进四　象7进9

⑤ 马四进二　将4平5

⑥ 马二进四　象9退7

红马被困死，和棋。

图232

第233局　马低兵例和士象全（2）

如图233，红方先行。

本局黑方退底士保宫心，当红方马兵进攻底士时，要及时边象落底，将归中，使马兵无法活动，才能守和。

① 马六退七　士5退6

黑方求和的妙棋！因为退士可以阻止红兵占据宫心（兵如果吃士到了底线，不起作用），否则如将4平5，则马七进八吃士胜；又如士5进6，则马七进五捉死士胜。

图233

② 马七进五

红方如马七进八，则象9退7，马八进六，将4进1，兵四进一，象7进9，红马被困死，和棋。

② ……　　象9退7

黑方退象是要着，以后可以弃士关马。

③ 马五进三　象7退9

黑方和棋的关键。

④ 马三进二　象9进7

⑤ 兵四进一　象7进5

（和棋）

第234局　马低兵例和士象全（3）

如图234，红方先行。

① 马七进九　象3退1
② 马九进八　象1退3
③ 帅六平五　象3进1
④ 兵四平三　士5进4
⑤ 马八进九　象1退3
⑥ 马九退七　将5平4

（和棋）

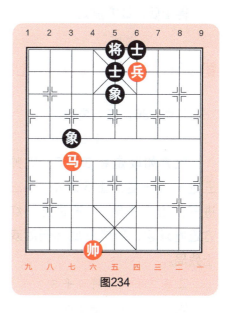

图234

第235局　马低兵巧胜士象全（1）

如图235，红方先行。

本局中，红方左帅右兵控制黑方两条肋线，是最佳的攻击棋形。

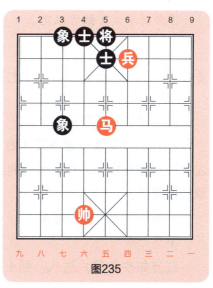

图235

①马五退六　象3进5　②马六退八　士5进4
③马八进九　士4进5　④马九进八　象5进7
⑤马八进七

红方连续运马从边线切入到卧槽的位置，为谋士做准备。

⑤……　　　将5平4　⑥兵四平五

得士后，红方胜定。

第236局　马低兵巧胜士象全（2）

如图236，红方先行。

①兵三进一　士5进6

黑方如改走将6平5，则帅五进一等一着，士5进4，兵三进一，士4进5，马三进五，红方连吃双象，形成马底兵例胜双士残局。

②兵三平四　将6平5
③马三进五　士4进5
④帅五平六（红方胜定）

图236

第237局　马低兵巧胜士象全（3）

如图237，红方先行。

红方抓住黑象位置不正（右高象可守和）的弱点，先马兵联攻，左帅右兵控制将门，然后回马曲线前进，必破一象，形成马低兵巧胜单缺象局势。

①马五进六　士6进5　②兵三平四　士5进4
③马六退七

红方如改走马六进八，则士4进5，马八进九，士5退6，马九退七，将5平4，和棋。

③……　　象5进3

④马七退八　士4退5

⑤马八进九　士5退6

黑方如改走象7退5或象3退5，则马九进八，接下来再马八进七，绝杀。

⑥马九进七

马低兵，帅兵分占四六路，红方胜定。

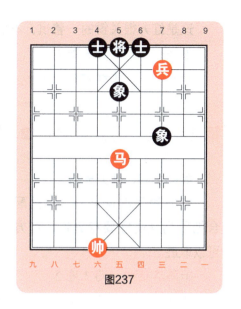

图237

第238局　马低兵巧胜士象全（4）

如图238，红方先行。

红方抓住黑士位置不正（羊角士可守和）的弱点，马兵联攻，主帅中控，破其双象，形成马底兵必胜双士的局势。

①帅五退一

红方退帅等着，迫使黑方中路露出破绽。

①……　　士5进4

黑方如走象5进3或象5进7，红方兵四进一绝杀。

②兵四进一　将5进1

③兵四平三

红方白吃底象，为胜利奠定基础。

③……　　将5退1　　④兵三平四

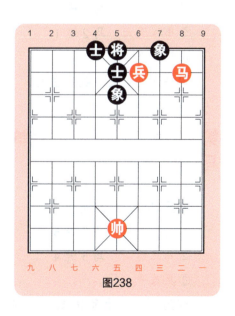

图238

这是红方很关键的一着棋,不能让黑将回到底线。

④……　　　将5进1　　⑤马二退三　将5平4

⑥马三进五(红方胜定)

第239局　马低兵例胜单马(1)

如图239,红方先行。

红方用兵占据宫心,马帅配合把黑马从防守要点赶走,红方可以取胜。

① 马二退四　马3进2

② 兵四平五　马2退3

③ 马四进六　马3进1

④ 马六退八　马1进2

⑤ 马八退六　马2退1

⑥ 帅五平四

黑马无处可去,红方胜定。

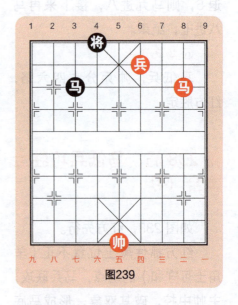

图239

第240局　马低兵例胜单马(2)

如图240,红方先行。

① 马二进三　马3退5

② 马三退四　马5进4

③ 兵五平六

红方平兵,准备借助兵、帅之力联合作杀。

③……　　　马4退5

④ 兵六平七　将4平5

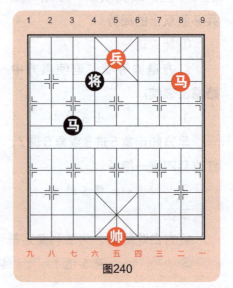

图240

⑤马四退三

捉死黑马,红方胜定。

第241局 马低兵例和马单士（1）

如图241，红方先行。

本局士在将后形成"太公坐椅"是黑方最安全的棋形。防守过程中，黑马要随时配合底士策应中路，不要跳得太远而失去防守作用。

① 马三退四 马3进2
② 马四进六 将4进1
③ 马六进五 将4退1
④ 马五进四 将4进1
⑤ 马四退二 将4退1
（和棋）

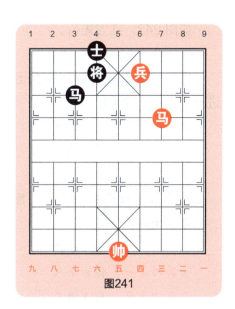

图241

第242局 马低兵例和马单士（2）

如图242，红方先行。

本局与第241局相比，黑方在6路增加一个高士，黑马与黑士配合不给红兵占据中路的机会，黑方可以谋和。

① 马二退三 士6退5
② 马三退二 将4进1

黑方上将是防守的关键，以

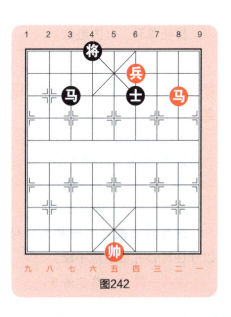

图242

后士 5 退 4 形成"太公坐椅"。

③马二进一　马 3 进 5　　④马一进三　士 5 退 4（和棋）

第 243 局　马低兵巧胜马单士

如图 243，红方先行。

①帅六平五

红方平帅助攻，以后有兵五进一强抢中士的手段。

①……　　　士 5 退 4
②马三进二　将 6 退 1
③兵五平四

红方准备兵四进一作杀，黑方只能动士解杀。

③……　　　士 4 进 5
④兵四进一　将 6 平 5
⑤兵四平五　马 3 退 5
⑥马二退三

捉死黑马，红方胜定。

图243

第 244 局　马低兵例和马单象（1）

如图 244，红方先行。

①帅四进一　马 8 进 7
②帅四平五　马 7 退 6

这是黑马最佳的守和点，可以守住宫心并且策应中象。

③马一进三　象 5 进 3

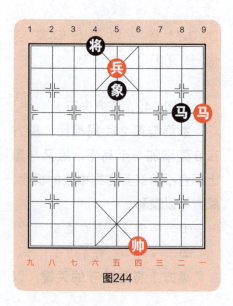

图244

黑方用象走闲着，马守宫心。

④兵五平四　将4进1　　⑤马三退四　象3退5

⑥马四进六　将4进1（和棋）

第245局　马低兵例和马单象（2）

如图245，红方先行。

本局中，黑方用马拦截，中象和将守护宫心，红兵无法占据宫心就无法取胜。

①兵七平六　马5退4

②帅五进一　马4进6

③马二退一　马6退8

④马一退二　马8进7

⑤马二进三　马7退6

⑥马三进二　马6退7

（和棋）

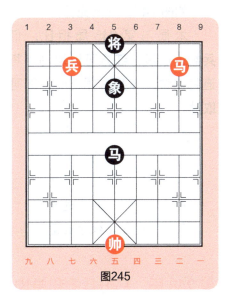

图245

第246局　马低兵巧胜马单象（1）

如图246，红方先行。

本局中，红帅与黑将与第244局的将、帅位置互换肋道，这样黑将位置欠佳，红方有巧胜的机会。

①马一进二　马8退7

②帅六平五　象5退7

③马二退三　马7进5

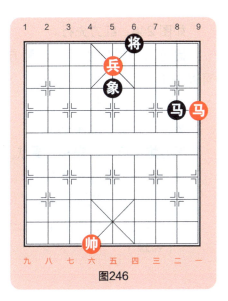

图246

黑方如象 7 进 5，则兵五平四抽吃黑马。

④兵五平四　将 6 平 5　　⑤马三进五（红方胜定）

第 247 局　马低兵巧胜马单象（2）

如图 247，红方先行。

本局与第 245 局相比，低兵靠近肋线，红方可以用马叫将迫将离位，红兵占据宫心，即可取胜。

①马二退四　将 5 平 6
②兵六平五　马 5 退 6
③马四进二　马 6 退 7
④马二退三　马 7 进 8
⑤马三进五（红方胜定）

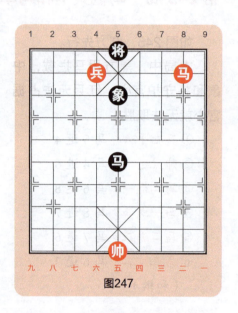

图247

第 248 局　马低兵例和单炮

如图 248，红方先行。

黑炮占中线守护黑将，黑方可以守和。

①马七进九　炮 7 平 4
②马九进八　炮 4 平 5

黑方炮不离中，守和的要点。

③马八退六　将 6 平 5
④马六退八　炮 5 进 1
⑤马八进七　将 5 平 4

（和棋）

图248

第 249 局　马低兵巧胜单炮（1）

如图 249，红方先行。

① 马一进二　炮 4 平 7　　② 帅五进一（黑方困毙）

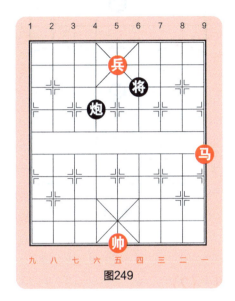
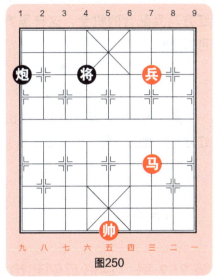

第 250 局　马低兵巧胜单炮（2）

如图 250，红方先行。

① 马三进二　炮 1 退 1　　② 马二进四　将 4 退 1

③ 兵三平四　炮 1 退 1　　④ 兵四平五

借助马的助攻作用，红方把兵平到中路。

④……　　炮 1 平 5　　⑤ 帅五平四　炮 5 平 6

⑥ 帅四平五

红方下一着兵五进一，强行杀入宫心，胜定。

第251局　马低兵例和炮单士（1）

如图251，红方先行。

黑炮守中，防红马抽将；黑士要注意配合中炮的防守，不给红方马兵配合的机会，这样黑方可以守和。

① 马八进九　炮5退3
② 马九进七　士5退4

黑士退4路正确。如士5退6，红方有巧胜的机会（见第253局）。

③ 马七退六　士4进5
④ 马六退七　炮5进4

（和棋）

图251

第252局　马低兵例和炮单士（2）

如图252，红方先行。

黑炮守在下二路线，不要轻易离开。用炮拦马，不给红兵借机占据宫心的机会，黑方可以守和。

① 马六进五　将6退1
② 马五退四　炮8平7
③ 马四进三　炮7进1
④ 马三进一

红方准备下一着帅五平四，炮7平8，兵六平五，兵占宫心，可以巧胜。

图252

④……　　炮7平8　　⑤帅五进一　炮8退1
⑥帅五进一　炮8进1（和棋）

第253局　马低兵巧胜炮单士（1）

如图253，红方先行。

本局中黑士在6路，无法同时限制红方马、兵的联攻，红方有巧胜的机会。注：黑士在4路守和的方法见第251局。

① 帅五进一　炮5进2
② 马七退八　炮5进3

黑方如士6进5，则马八退六，黑方来不及走士5退4，否则马六进四抽炮，红方胜定。

③ 马八退六　炮5退4
④ 帅五平四　士6进5

黑方不能动炮，否则马六进四成杀。

⑤ 兵六平五　将5平4
⑥ 马六退八（红方胜定）

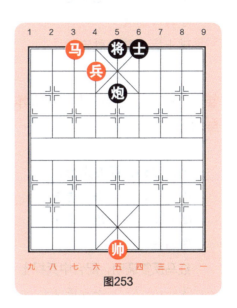

图253

第254局　马低兵巧胜炮单士（2）

如图254，红方先行。

① 马七进五　炮4平5
② 帅六进一

红方等着正确，如马五进六，

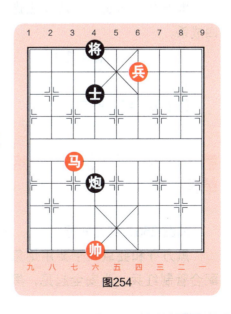

图254

则将4进1，牵住红马，和棋。

② …… 炮5进1 ③马五退三 炮5进2

④兵四平五

兵到宫心后再运马吃士，红方即可获胜。

④ …… 炮5退4 ⑤马三进四 炮5进1

⑥马四进六

破士后，红方胜定。

第255局 马低兵巧胜炮单士（3）

如图255，红方先行。

①马四进二 士6进5

②马二退一 炮4退1

③马一进三

红马反复调动，配合中兵捉士。

③ …… 士5进4

黑方如士5退4，则马三进四成杀。

④马三进四 将4退1

⑤兵五平六

得士后，红方胜定。

图255

第256局 马低兵例和炮单象

如图256，红方先行。

黑方守和要点在于要用炮象配合管制红兵。为安全起见，黑

图256

将也可以升到宫顶线，躲避红方威胁。

① 马七进六　炮5退1　② 兵六平七　象5进3

③ 马六退七　炮5进2　④ 马七退九　象3退5

⑤ 兵七平六　将6进1

黑方如改走炮5进1也是和棋。

⑥ 马九进七　炮5退1（和棋）

第257局　马低兵巧胜炮单象

如图257，红方先行。

黑炮掩护将门时，红方运马转到左路进攻，同时牵制黑方炮象，可以破象取胜。

① 兵四平五　将5平4

② 马三进四　炮4进2

③ 帅六平五　炮4平5

④ 马四退六　炮5平3

⑤ 马六退七　象3进5

⑥ 马七进五（红方胜定）

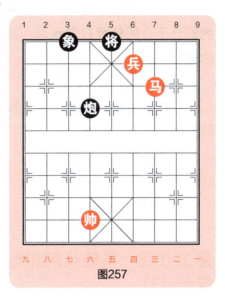

图257

第258局　马低兵例和炮双士（1）

如图258，红方先行。

① 帅六平五　将5平4

② 兵四平三　炮1进1

黑炮守下二路线对红兵形成牵制。

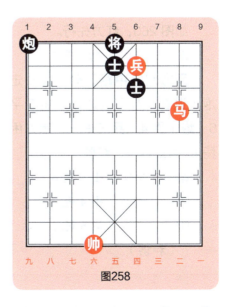

图258

③帅五平四　炮1平4　　④帅四平五　炮4平1（和棋）

第259局　马低兵例和炮双士（2）

如图259，红方先行。

本局黑方低士连环，在黑炮的配合下，同样可以守和马、兵的进攻。

① 帅六平五　炮1进1

黑方进炮牵制红兵，是守和的要点。

② 兵四平三　将5平6
③ 帅五进一　炮1平2

（和棋）

图259

第260局　马低兵例和炮双士（3）

如图260，红方先行。

① 马三进四　炮1平5

黑方炮守中路正确，如改走炮1退2，则马四进六，将5平6（炮1平4，兵三进一，黑方困毙），兵三进一，红胜。

② 兵三平四　士5进6
③ 马四进二　士4进5
④ 马二进三　炮5进1

（和棋）

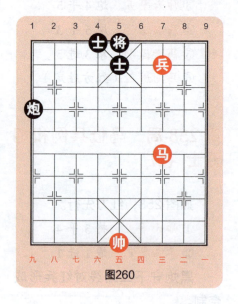

图260

第 261 局　马低兵巧胜炮双士

如图 261，红方先行。

注：本局如黑方先行，黑方将 5 平 6 即可成和。

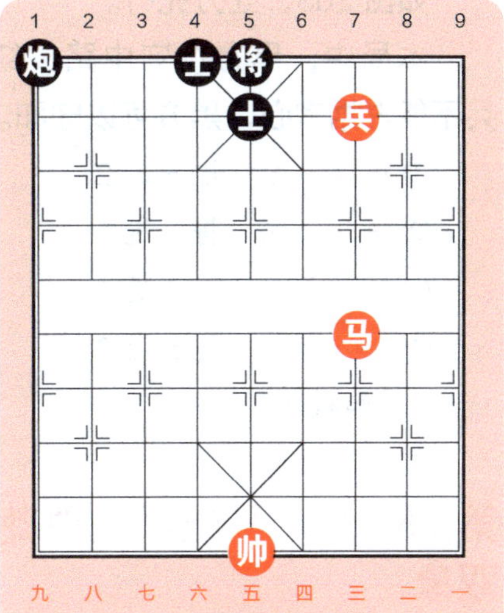

① 兵三进一

红方进底兵控制将门，取胜的关键。

① ……　　炮 1 进 2

② 马三进四　炮 1 平 6

③ 马四进六（红胜）

图261

第 262 局　马低兵例和炮双象（1）

如图 262，红方先行。

马兵对炮双象是正和的残局，黑方以象为炮架，左右策应，不给红马将军的机会，黑方可以守和。

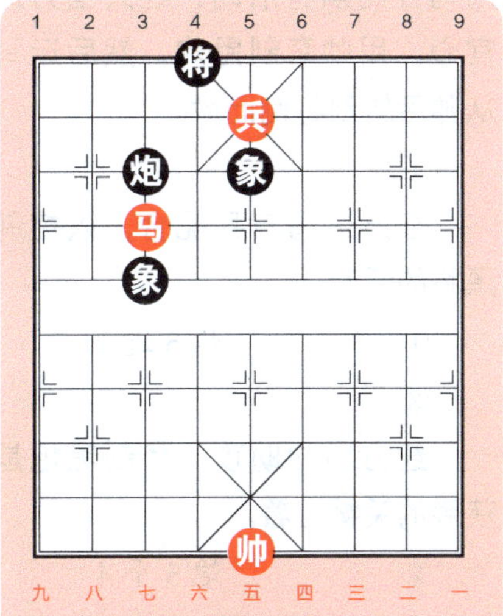

① 帅五进一　象 5 进 7

② 马七退五　象 7 退 5

③ 帅五退一　炮 3 退 1

④ 帅五平四

红方如改走马五进六，则炮 3 进 1，帅五平四，象 3 退 1，帅四进一，象 1 进 3，和棋。

④ ……　　炮 3 进 1

⑤ 马五退六　炮 3 进 1

⑥ 马六进四　炮 3 退 1（和棋）

图262

第263局　马低兵例和炮双象（2）

如图263，红方先行。

本局中，黑方炮守中路，红兵不能占据宫心，黑方可以守和。

① 马八进七　炮5进2
② 马七进八　将4进1
③ 马八退七　将4进1
④ 帅四退一　炮5退2

（和棋）

图263

第264局　马低兵巧胜炮双象

如图264，红方先行。

红方抓住黑方不利形势，先用马控制黑将活动，红兵借力进宫心，用帅牵制黑炮，然后运马从帅后转到将侧而胜。

① 马四进三

红方进马与兵配合，以控制黑将的活动。

① ……　　　炮5进2
② 帅五平六

红方出帅助攻，牵制黑炮是获胜的关键之着。

图264

② ……　　　炮5平4
③ 兵六平五　将5平4　　④ 马三退五　炮4退3
⑤ 帅六进一　象5退3　　⑥ 马五退四

以后红方再马四退五、马五退六，马从帅底跳出来，用马将军即可获胜。

七、炮兵类残局

第265局　炮底兵例和单将

如图265，红方先行。

红方炮底兵无法控制肋线，黑方可以守和。

① 炮五进一　将4进1

黑方用将上下走闲着。

② 炮五平六　将4退1

（和棋）

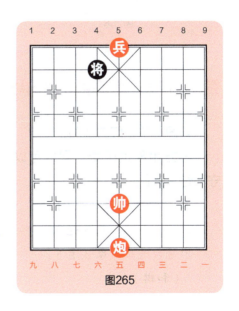

图265

第266局　炮底兵巧胜单将

如图266，红方先行。

① 炮六进四（红胜）

第267局　炮底兵例和单士

如图267，红方先行。

本局中，黑方用士走闲着，可以守和。

① 炮六进四　士6退5　　② 兵四平三　士5进6（和棋）

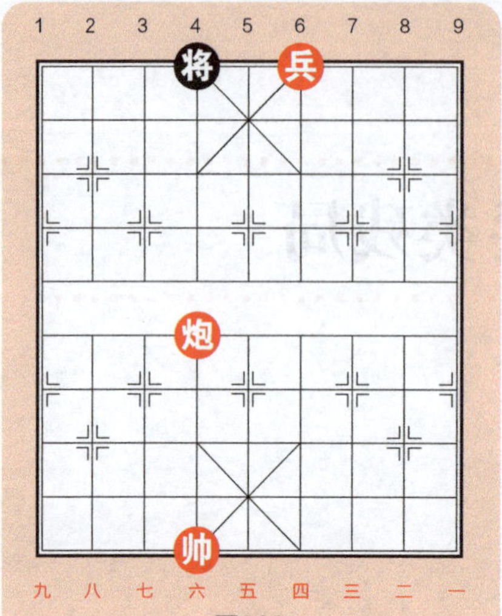

图266

图267

第268局 炮底兵例和单象

如图268，红方先行。

黑方用象走闲着，同样可以守和炮底兵的进攻。

① 炮六退三　将4进1
② 帅六平五　象5进3
③ 炮六进四　象3退5

（和棋）

第269局 炮底兵仕例胜单士

图268

如图269，红方先行。

本局在第267局基础上为红方增加一仕，红炮有仕做炮架，可以取胜。

① 帅六平五　将4进1
② 仕五进六　士6退5
③ 兵四平五　士5进6

黑方如士5退6，则兵五平四，红方胜定；又如将4进1，则炮六平四，将4退1，炮四退三，士5进4，炮四平六，黑方困毙，红胜。

④ 炮六平四　士6退5
⑤ 炮四退三　士5进6
⑥ 炮四平六（红胜）

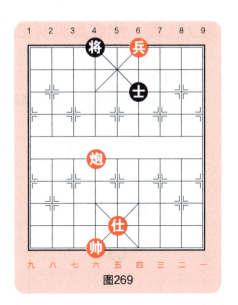

图269

第270局　炮底兵仕例胜单象

如图270，红方先行。

红方在有仕的情况下，同样也可以战胜黑方单象，取胜思路是先谋象再成杀。

① 帅六平五　将4进1
② 炮六退四　将4平5
③ 炮六平四　将5平6
④ 仕五进四　将6平5
⑤ 炮四平五　将5平6
⑥ 炮五进七

得象后，红方胜定。

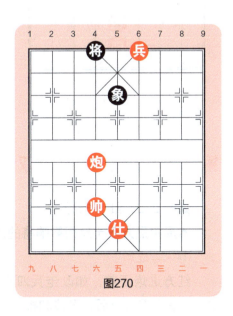

图270

第271局　炮底兵相例和单象

如图271，红方先行。

红相无法充当炮架，不能帮助红方抢占肋线，黑方可以守和。

①炮六退二　将4进1　②帅五退一　将4平5

③炮六退一　象5进7　④炮六平四　将5进1（和棋）

图271

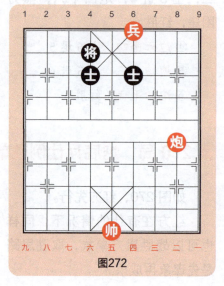

图272

第272局　炮底兵巧胜双士

如图272，红方先行。

本局中黑方双士反而影响将的活动，红方有巧胜的机会。

①炮二进四

红方进炮正着，如改走兵四平五，则士4退5，炮二进三，士5退4，黑方露将以后，形成和棋。

①……　　将4退1　②兵四平五　将4进1

③炮二平一（黑方困毙）

第273局　炮低兵例胜单士（1）

如图273，红方先行。

① 帅四平五　士4进5　② 兵八平七　将4退1

③ 炮二进一

红方准备掩护红兵平六攻入九宫。

③ ……　　　士5进6　④ 帅五进一　士6退5

⑤ 兵七平六　将4平5　⑥ 兵六平五

将军后，已呈困毙黑方之势，红方胜定。

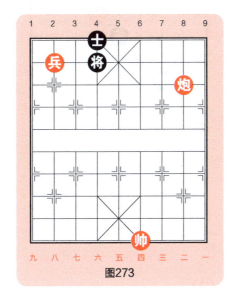
图273

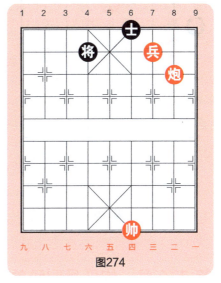
图274

第274局　炮低兵例胜单士（2）

如图274，红方先行。

① 兵三平四　士6进5　② 炮二进一　将4进1

③ 兵四平五（红方胜定）

第275局　炮低兵例和单象（1）

如图275，红方先行。

红方虽有炮、兵两子，但是无法实现既控象又控将的目标，黑方可以守和。

① 帅五进一　象1退3　　② 炮八进二　象3进5

③ 帅五退一　象5进7（和棋）

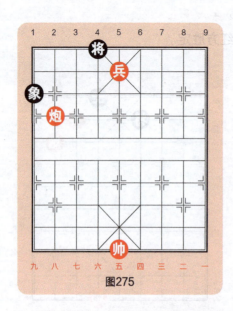

图275

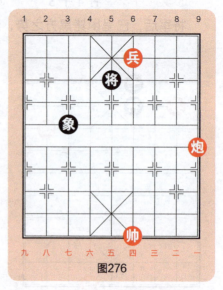

图276

第276局　炮低兵例和单象（2）

如图276，红方先行。

① 炮一进三　将5平4　　② 帅四平五　将4退1

③ 兵四平五　将4退1　　④ 炮一平六　象3退5

⑤ 炮六退五　象5退7（和棋）

第277局　炮低兵巧胜单象（1）

如图277，红方先行。

① 兵四平五　象9退7　② 炮八退一　象7进9
③ 炮八平一（红胜）

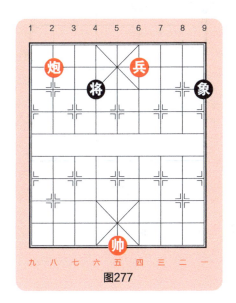

图277

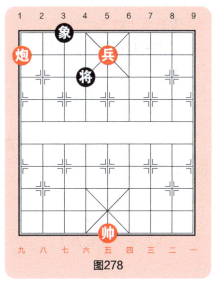

图278

第278局　炮低兵巧胜单象（2）

如图278，红方先行。

本局中，红炮要借黑将为炮架，捉死黑象而获胜。

① 炮九平六　象3进1　② 炮六进一　象1退3
③ 炮六平五　象3进1　④ 炮五平二

把红方转移到象的另一侧，实现"借将吃象"的目标。

④……　　象1退3　⑤ 炮二退二　象3进1
⑥ 炮二平九（红胜）

第279局　炮低兵仕例胜单象（1）

如图279，红方先行。

本局中，红炮在仕的支援下，可以控制肋线，黑象起不到防守作用，红方可以取胜。

① 兵五平四

红方平兵控制黑方将位。

① ……　　象1退3
② 仕五进六　将4平5
③ 炮八进七

红方控象的作用是逼黑将离位，让帅夺取中路。

③ ……　　将5平4
④ 帅四平五　象3进5
⑥ 炮八平六（红胜）

⑤ 炮八退八　象5进3

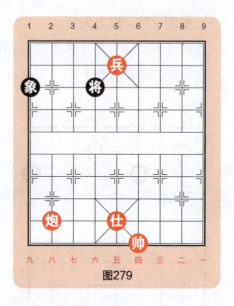

图279

第280局　炮低兵仕例胜单象（2）

如图280，红方先行。

本局中，红帅抢占中路，炮仕将军即可形成绝杀。

① 炮八平五　将5平4
② 帅四进一　象1退3
③ 帅四进一　象3进5
④ 帅四平五　象5退7
⑤ 炮五平六　象7进9
⑥ 仕五进六（红胜）

图280

第281局　炮低兵相例和单象

如图281，红方先行。

黑方用象走应着，飞到与兵同侧，使红炮隔双子无法打象，当象不宜动时，则用将走应着，即可守和。

① 兵三平二　象9进7　　② 帅五进一　将6进1
③ 兵二平三　将6退1　　④ 炮五平三　象7退5
⑤ 炮三平五　象5进7（和棋）

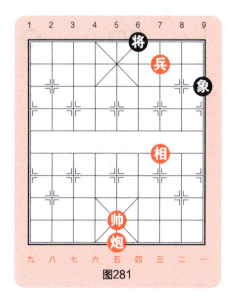

图281

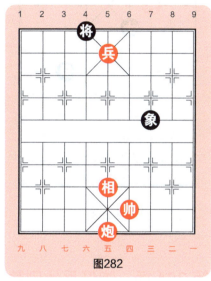

图282

第282局　炮低兵相巧胜单象

如图282，红方先行。

本局中，红兵占据九宫中心，禁将移动。再用炮相禁象，使黑方无着可应。

① 帅四进一　象7退9　　② 相五进三　象9退7
③ 帅四平五　象7进9　　④ 炮五平三　象9退7
⑤ 炮三进九（红方胜定）

第283局　炮低兵仕例胜单士象（1）

如图283，红方先行。

① 兵七平六　象7退9　② 炮五平六　士4退5
③ 帅六平五　象9退7　④ 兵六平五　将5平6
⑤ 炮六平五（红胜）

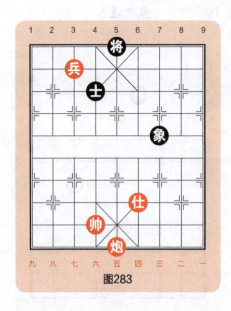
图283

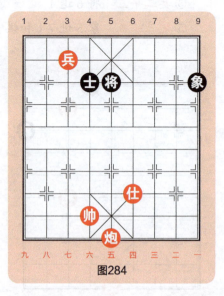
图284

第284局　炮低兵仕例胜单士象（2）

如图284，红方先行。

① 兵七平六　象9退7　② 帅六进一　象7进9
③ 仕四退五　将5平6　④ 帅六平五

红帅平中，控制黑将，正确。

④……　　　象9退7

黑方如改走将6退1，则炮五平四，黑方解杀只有士4退5，兵六平五吃中士以后再仕五进四，绝杀。

⑤ 炮五平四　士4退5　⑥ 仕五进四（红胜）

第 285 局　炮低兵相例和单士象

如图 285，红方先行。

本局中，士在将后形成太公坐椅棋形，将可以通头，黑方可以守和。

① 炮九进八　将6进1
② 帅六平五　象9退7
③ 帅五退一　象7进9
④ 兵七平六　象9退7
⑤ 炮九进一　象7进9
⑥ 相三进一　象9进7

黑方用象走闲着，和棋。

注：本局红兵如果在二路线，黑方同样可以守和。

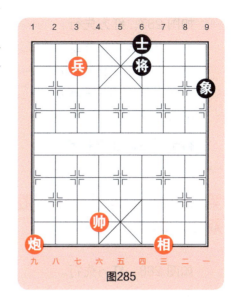

图285

第 286 局　炮低兵相巧胜单士象（1）

如图 286，红方先行。

本局红兵可以控制黑将的活动，不给黑方调形的机会。注：红兵要在二路线则黑方通过调整将位可以守和。

① 炮九平五　象9进7

黑方如将5进1，则相三进五，绝杀。

② 兵三平四　象7退9
③ 相三进五　士6进5
④ 炮五进八（红方胜定）

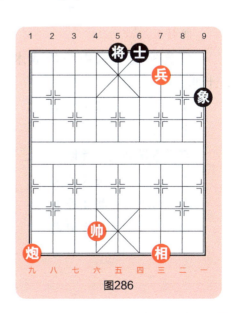

图286

第287局 炮低兵相巧胜单士象（2）

如图287，红方先行。
① 兵七平六　象9退7
② 相三进五　将5平6
③ 炮五平六　象7进9
④ 炮六进七

得士以后，红方胜定。

图287

第288局 炮低兵仕例胜双士（1）

如图288，红方先行。
① 帅四平五

红方平中帅准备下一着仕五进六控制中路。

① ……　　　士5退4
② 兵三平四　士4进5
③ 仕五进六

红方实现夺取中路的战术计划。

③ ……　　　将5平4
④ 兵四进一

红兵直接破士，简明。

④ ……　　　士5进4
⑤ 兵四平五　将4进1
⑥ 炮九平六（黑方困毙）

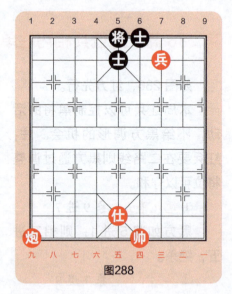

图288

第289局　炮低兵仕例胜双士（2）

如图289，红方先行。

① 炮九平六　将4进1

黑方如改走4平5，则兵三平四，将5平4，兵四进一，接下来再兵四平五，与主变思路相同。

② 兵三平四　将4退1
③ 兵四进一　将4进1
④ 兵四平五

红兵在底线形成"篡位兵"控制士和将的活动。

④……　　士5退6
⑤ 仕五进六（红胜）

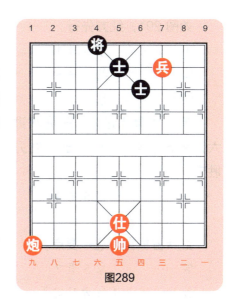

图289

第290局　炮低兵仕例胜双象（1）

如图290，红方先行。

① 仕五进六　象7退9
② 兵三平四　将4平5

黑方如改走象9进7，则兵四平五，下一着炮九平六，红胜。

③ 炮九进七　象9进7
④ 炮九平八

红方平炮等一着。

④……　　象7退9
⑤ 炮八平一

得象后，红方胜定。

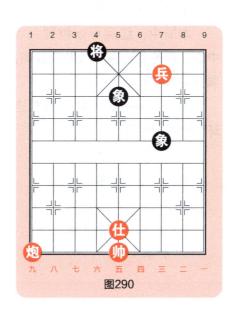

图290

第291局 炮低兵仕例胜双象（2）

如图291，红方先行。

① 仕五进六　象3进1
② 兵三平四　将4平5
③ 炮九平八　象1退3

黑方如象1进3，则炮八进六，将5平4，兵四平五，红方胜定。

④ 炮八进八　将5平4
⑤ 兵四平五

红兵占据宫心这一要点。

⑤ ……　　　象5退7
⑥ 炮八退七（红方胜定）

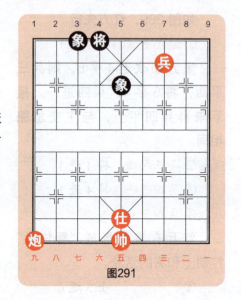

图291

第292局 炮低兵双相例和双象

如图292，红方先行。

本局中，红兵可以控制九宫中心，但是无法在肋线助攻红炮，黑方可以守和。

注：本局中黑方如果高象连环同样可以守和。

① 炮九进五　象5退7
② 兵三平四　象7进9
③ 兵四平五　象9退7
④ 炮九进四　象3进5

（和棋）

图292

第293局 炮低兵仕例胜单缺士（1）

如图293，红方先行。

红方设法吃掉黑士，即可取胜。注：本局黑方底士如果在将前，红方帅五平四牵制再炮九平四同样可以取胜。

① 炮九进八　　将6进1
② 帅五进一

红方上帅为红仕转移到四路让出线路。

② ……　　　象3退1
③ 仕六退五　象1退3
④ 仕五进四　象3进1
⑤ 炮九平八

红方准备炮八退七再炮八平四作杀。

⑤ ……　　　士6进5

黑方只能弃士解杀。

⑥ 兵六平五

得士后，红方胜定。

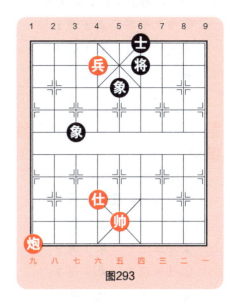

图293

第294局 炮低兵仕例胜单缺士（2）

如图294，红方先行。

① 兵三平四　士5进6

黑方还有三种应法：（1）士5退4，则炮九进九，黑方困毙。（2）士5退6，红方同样炮九进

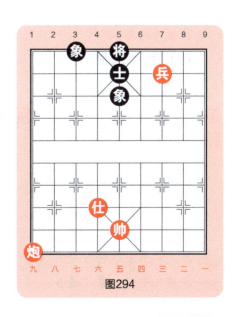

图294

九，象 3 进 1，炮九平四，得士红胜。(3) 士 5 进 4，则炮九平五，士 4 退 5，帅五平四，黑方中士必失。

② 炮九平四　象 3 进 1　③ 帅五平四　士 6 退 5
④ 炮四平五　象 1 退 3　⑤ 兵四平五　将 5 平 4
⑥ 炮五平六（红胜）

第 295 局　炮低兵仕例胜单缺象

如图 295，红方先行。

① 炮九平五　象 5 退 7
② 帅五进一　象 7 进 9
③ 仕六退五　象 9 退 7
④ 炮五平四　象 7 进 9
⑤ 仕五进四

红方兵、帅、炮各控一路，形成最佳攻击棋形。

⑤ ……　　象 9 退 7
⑥ 炮四进七

得士后，红方胜定。

图 295

第 296 局　炮低兵双相例和单缺士

如图 296，红方先行。

① 相五进七　象 7 退 9
② 帅六平五　象 5 退 7
③ 兵六平五　将 5 平 6
④ 炮九平三　象 7 进 5

图 296

红方低兵无法在肋线助攻，黑方动象走闲着即可成和。

⑤帅五退一　象9进7（和棋）

第297局　炮低兵双相巧胜单缺士

如图297，红方先行。

①炮二平五　象5进3

②帅六退一

红方退帅等着，目的是让黑方双象分离。

②……　　象3退1

③相五进七　象1进3

黑方如改走象7退9，则炮五退五，取胜思路与主变相同。

④炮五退五　象3退1

⑤相七退五　士6进5

⑥炮五进七

红方一定要用炮打士，如果用兵吃士则成和棋。至此，红方得士胜定。

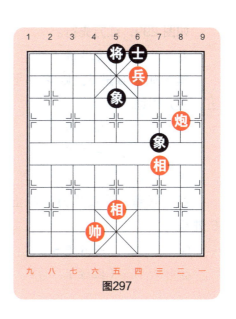

图297

第298局　炮低兵双相例和单缺象

如图298，红方先行。

①帅六退一　象5进7

②炮九平五　将6进1

当黑方象受限制时，可以动将走闲，当将受限制时可以运象

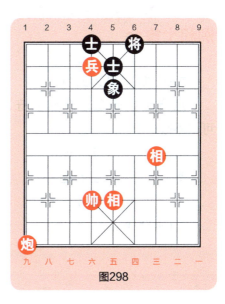

图298

走闲。

③炮五平三　象7退9　　④帅六退一　将6退1（和棋）

第299局　炮低兵双相巧胜单缺象

如图299，红方先行。

①炮二平八　象3进1

黑方如象3进5，则炮八平五，黑方困毙。

②炮八进三　象1退3

③相五进七　士5退6

④相三退一

红方等着，迫使黑方只能士6进5。

④……　　士6进5

⑤帅六平五（红胜）

图299

第300局　炮低兵仕相全例和士象全

如图300，红方先行。

黑方士象齐全，严密防守，可以不败。

①炮二平四　象3退1

②仕四退五　士6退5

③炮四进一　将6退1

（和棋）

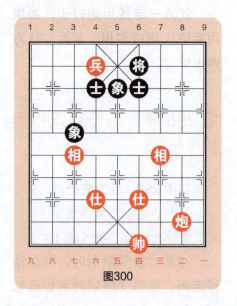

图300

第 301 局　炮低兵仕相全巧胜士象全（1）

如图 301，红方先行。

① 兵四进一　将 5 进 1　　② 兵四平三

成炮底兵单缺仕必胜单士象的局面。

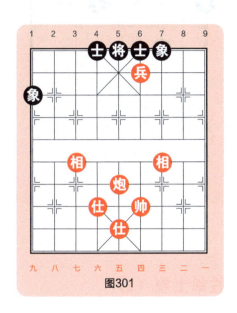

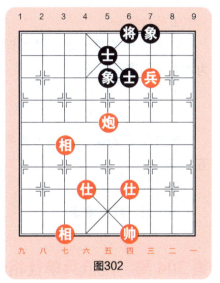

第 302 局　炮低兵仕相全巧胜士象全（2）

如图 302，红方先行。

① 炮五退五

红方退炮准备把四路仕调到底线，利用红帅牵制黑方羊角士。

① ……　　象 5 退 3　　② 仕四退五　象 7 进 5

③ 仕五退六　象 5 退 7　　④ 炮五进一　象 3 进 5

黑方如象 3 进 1，则相七进五，黑方同样要丢士。

⑤ 炮五进七

得士后，红方胜定。

第 303 局　炮低兵仕相全巧胜士象全（3）

如图 303，红方先行。

① 仕四退五　士 6 进 5
② 帅四进一　象 1 退 3
③ 炮九退一　象 3 退 5
④ 帅四进一

红方上帅等着，牵制的同时为炮九平四赢得时间。

④……　　　象 5 进 7
⑤ 炮九平四　士 5 退 4

黑方不能动象，否则帅四平五，闷杀。

⑥ 炮四进七

得士后，红方胜定。

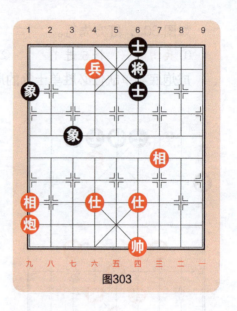

图303

第 304 局　炮低兵单仕相例胜单士象（1）

如图 304，红方先行。

本局要用低兵控制黑将，炮、仕、帅三子配合抢占中路，红方可以取胜。

① 仕四退五　将 5 平 6
② 帅六进一　象 1 退 3
③ 帅六平五

红方帅占中路，兵控黑将，是最佳的攻击棋形。

③……　　　象 3 进 5
④ 炮五平四　象 5 退 7
⑤ 仕五进四（红胜）

图304

第305局　炮低兵单仕相例胜单士象（2）

如图305，红方先行。

① 兵七平六

红方平兵卡肋，取胜的关键。

① ……　　　象7退9　　② 炮五平三

红方平炮控制黑象落点。

② ……　　　士4退5　　③ 帅六平五　将5平6

④ 兵六平五　象9退7　　⑤ 炮三进九（黑方困毙）

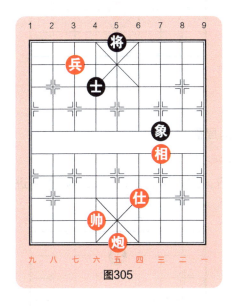

图305

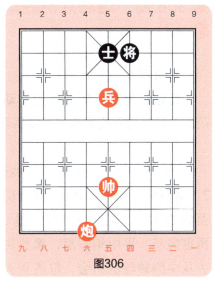

图306

第306局　炮高兵例胜单士

如图306，红方先行。

① 炮六平四　将6退1　　② 兵五进一　将6平5

③ 兵五进一　将5平6　　④ 帅五退一（黑方困毙）

第 307 局　炮高兵例胜单象（1）

如图 307，红方先行。
① 兵五平四　象 3 进 5
② 炮六平五　将 6 退 1
③ 兵四进一　将 6 平 5
④ 兵四平五　将 5 平 6
⑤ 兵五进一（黑方困毙）

图307

第 308 局　炮高兵例胜单象（2）

如图 308，红方先行。
红炮作用在压制黑象的活动范围，最后用兵吃象或者形成困毙的局面。

① 兵四进一　象 7 退 9　② 炮四平五

红方平中炮是一个很重要的过门，如直接走炮四进二，则象 9 进 7，炮四平二，将 5 退 1，红方仍要炮二平五，阻止黑方象 7 退 5 再度转移。平中炮以后，黑象失去从中路转移的机会，取胜更为简明。

②……　　　象 9 退 7
③ 炮五进二　象 7 进 9
④ 炮五平二

红方平炮继续限制黑象的活动范围。

④……　　　象 9 退 7
⑤ 炮二进二　象 7 进 5

图308

⑥帅六平五

黑象被捉死，红方胜定。

第309局　炮高兵例胜双士（1）

如图309，红方先行。

① 兵五平六　将4平5　② 兵六进一　将5平6

③ 炮六平四　将6平5　④ 兵六进一（黑方困毙）

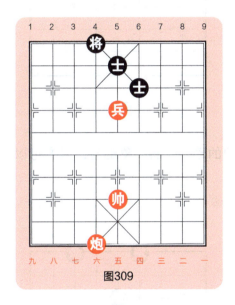

图309

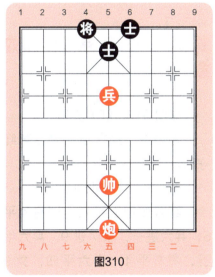

图310

第310局　炮高兵例胜双士（2）

如图310，红方先行。

① 炮五平六　将4进1

黑方如改走将4平5，则兵五平六，黑方困毙。

② 炮六进四　将4退1　③ 兵五平六　将4平5

④ 炮六进一（黑方困毙）

第 311 局　炮高兵例和双象（1）

如图 311，红方先行。

本局中黑方双象在边线连环，这是黑方守和最佳棋形。

① 炮四平五　象 9 进 7
② 兵四平五　将 5 平 6
③ 炮五平三　象 7 退 9

（和棋）

图311

第 312 局　炮高兵例和双象（2）

如图 312，红方先行。

本局中，黑方走将时注意红帅的动向，将、象配合，黑方可以守和。

① 兵五平六　将 4 进 1　② 帅五退一

红方如炮五平六，则将 4 平 5，兵六进一，象 7 进 9，兵六平五，将 5 平 4，炮六平四，象 9 进 7，炮四进八，象 7 进 9，和棋。

② ……　　　　将 4 退 1
③ 兵六进一　将 4 平 5

黑方中象不能动，否则炮五平六成杀。

④ 炮五进七　将 5 进 1

黑方进将正确，保留底象，形成炮低兵例和单象残局。

⑤ 炮五退三　象 7 进 9

图312

⑥帅五退一　象9退7（和棋）

第313局　炮高兵巧胜双象（1）

如图313，红方先行。

本局与第312局相比，红炮的位置发生变化，红方有巧胜的机会。

① 炮五进四　象7进9

黑方如象7进5，则兵五进一，红方胜定。

② 炮五平二

形成炮高兵例胜单象残局，红方胜定。

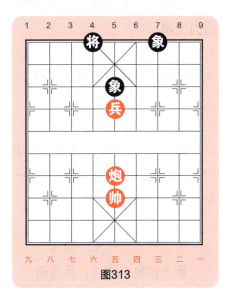

图313

第314局　炮高兵巧胜双象（2）

如图314，红方先行。

黑方高象易受高兵的骚扰，红方巧胜的机会很多。

① 兵五平六　将4进1
② 炮五进七　将4平5
③ 炮五退三

形成炮高兵胜单象残局，红方胜定。

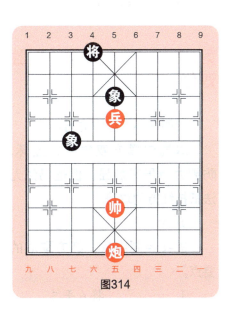

图314

第315局 炮高兵仕例胜双象(1)

如图315,红方先行。

本局中,红炮有仕作炮架攻击力大增。

①兵四进一

红方冲兵控制黑象,好棋。

① …… 象9进7

②炮一平五 将5平6

黑方如改走象7退9,则兵四平五,将5平6,兵五进一,象9进7,炮五平四,绝杀。

③帅六平五 象7退9

④炮五平六 象7进5

黑方如象9进7,兵四进一,将6进1,炮六平四,绝杀。

⑤兵四平五

得象后,红方胜定。

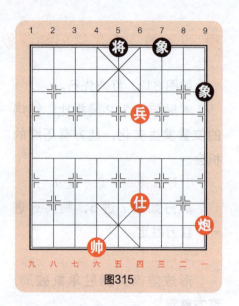

图315

第316局 炮高兵仕例胜双象(2)

如图316,红方先行。

本局中黑方双象中路连环,防御力量虽有加强,但是仍然无法抵抗红方的攻势。

①兵四进一

进兵控制中象,红方取胜的要点。

① …… 将6平5

图316

② 炮六平五　将5平6

黑方如改走象5进7，则兵四平五，将5平4，兵五进一，以后红方再调整炮、仕，形成绝杀。

③ 炮五进四　象3进1

黑方如象5进3，则炮五平四杀。

④ 兵四平五

得象后，红方胜定。

第317局　炮高兵相例胜双象（1）

如图317，红方先行。

本局中，红方把仕换成相，同样可以取胜。取胜要点在于帅、兵从两肋控制，炮、相居中线进攻，破象取胜。

① 帅五平六

红方出帅占肋，形成左帅右兵的最佳攻击棋形。

图317

①……　　象5退7

② 炮六平四　将6平5

③ 兵四进一　将5进1

黑方如改走象7进5，则兵四进一，象5进7，炮四退一，象7退5，炮四平五，捉死黑象，红方胜定。

④ 炮四平五　象7进5　　⑤ 炮五退一　象3进1

⑥ 炮五进七

破象后，红方胜定。

第318局 炮高兵相例胜双象（2）

如图318，红方先行。

①兵四进一 将6平5

黑方如改走象5进7，则炮六平五，象3退1，帅五平四，象7退5，炮五进六，红方胜定。

②炮六平五 将5平4 　③炮五进六 将4进1

④相五退七（红胜）

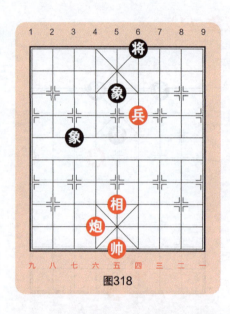

图318

图319

第319局 炮高兵例和单士象

如图319，红方先行。

①兵四进一 象3进1 　②兵四进一 象1退3

③炮五平四 象3进5 　④帅六平五 士6进5

⑤炮四平五 将5平4 　⑥兵四平五 象5退7

由于红方无法在肋线将军，黑方可以守和。

注：本局红兵如果在骑河线上，红方可以取胜。

第320局　炮高兵巧胜单士象（1）

如图320，红方先行。

红方兵在河口，可以控制黑象的活动，中炮可起牵制作用，红方可胜。注：通常红兵在河口时，炮兵都可以巧胜单士象。

① 兵二进一　　象7进9
② 帅六进一　　象9退7
③ 兵二平一

红方平兵控制黑象，是取胜的要点。

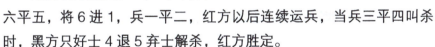

③……　　　　将5进1

黑方如改走将5平6，则帅六平五，将6进1，兵一平二，红方以后连续运兵，当兵三平四叫杀时，黑方只好士4退5弃士解杀，红方胜定。

④ 炮五平六　　象7进5　　⑤ 炮六进七

得士后，红方胜定。

第321局　炮高兵巧胜单士象（2）

如图321，红方先行。

① 帅五平四　　象3进5
② 炮五平四　　象5退7
③ 炮四进七

转换成炮高兵例胜单象残局，红方胜定。

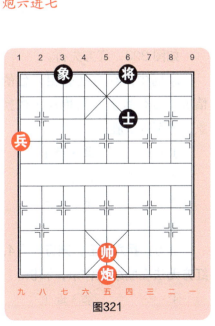

第 322 局 炮高兵仕例胜单士象

如图 322，红方先行。

红方有仕助攻，炮高兵配合夺取黑士，再肋线作杀，红方可以取胜。

① 兵六进一　象 3 退 1
② 仕六退五　士 4 进 5
③ 兵六进一

红方第一步先捉死黑士，抢占宫心。

③ ……　　　象 1 退 3
④ 兵六平五　将 5 平 4
⑤ 仕五进六

红方下一着炮五平六，绝杀。

图322

第 323 局 炮高兵相例胜单士象

如图 323，红方先行。

本局中，红方在有相无仕的情况下要保留兵，用炮换士或换象，才可以取胜。

① 兵六进一　象 3 退 1
② 兵六进一　象 1 退 3
③ 相三退五　士 4 进 5
④ 炮五进八

红方如兵六平五，则将 5 平 4，红方无法在肋线上作杀，和棋。

④ ……　　　象 3 进 1

图323

⑤相五进七　象1退3　　⑥炮五退八

红方下一着相七退五,绝杀。

第324局　炮高兵仕例胜单缺象

如图324,红方先行。

①兵六平五　象5退3
②兵五平四　士5进6
③兵四进一　将6进1
④仕五进四(红胜)

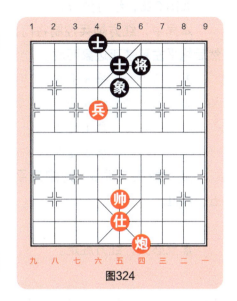

图324

第325局　炮高兵相例胜单缺象(1)

如图325,红方先行。

①炮六平五　象7进9

黑方如改走将5平6与主变思路相同。

②兵五平四　将5平6
③帅六平五

红方平中帅控制中路。

③……　　　象9进7
④炮五平四　将6平5

黑方如改走象7退9,则兵四进一,红方带将破士,胜定。

⑤炮四进四(红方胜定)

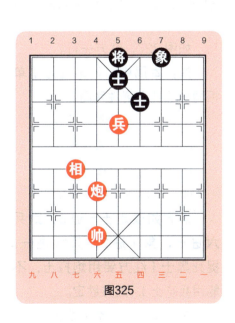

图325

第326局　炮高兵相例胜单缺象（2）

如图326，红方先行。

本局中，红方炮兵控制将门，然后炮平左翼禁死边象而胜。

① 兵五平四　将5平6
② 炮七平四　将6平5
③ 兵四进一　象1退3
④ 兵四进一　象3进1

黑方如象3进5，则炮四平五，红胜。

⑤ 炮四平七

黑象必失，红方胜定。

图326

第327局　炮高兵双相例胜单缺士

如图327，红方先行。

注：本局中，如果红方是单相同样是红方例胜残局。

① 帅五平四　象1进3
② 炮五退三　象3退1
③ 兵五平六　士5进6
④ 相三退五　将5平6

黑方如改走士6退5，则兵六进一，象1进3，兵六进一，捉死黑士（红方要用炮打士，不能用兵吃士），红方胜定。

⑤ 炮五平四　象1进3
⑥ 炮四进七（红方胜定）

图327

第 328 局　炮高兵巧胜边卒

如图 328，红方先行。

本局中，红炮兵在边路配合，抢在黑卒过河前捉死它，这样红方可以获胜。

① 兵七平八

红方不给黑方卒 1 进 1 抢先过河的机会。

① ……　　　将 5 进 1
② 炮四平七　　将 5 退 1
③ 炮七进三　　将 5 进 1
④ 炮七平九

红炮调至边线，炮兵配合，捉死黑卒。

④ ……　　　将 5 退 1
⑤ 兵八进一　　卒 1 进 1
⑥ 兵八平九

黑卒被捉死，红方胜定。

第 329 局　炮高兵例和单马

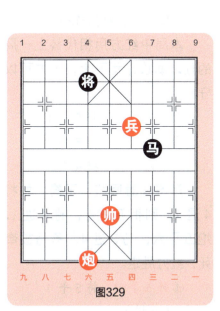

图329

如图 329，红方先行。

黑方用马防守红兵，或与红兵兑换，即可守和。

① 炮六平四　　将 4 退 1

（和棋）

第330局　炮高兵仕例胜单马

如图330，红方先行。

① 帅四平五　马6进4
② 帅五进一　马4进3
③ 帅五退一　将4退1

黑方如果以马换炮，红方高兵必胜单将。

④ 炮五平六　马3退4
⑤ 炮六进二

黑方只能将4进1，红兵借炮的助攻，形成"三进兵"杀势，红方胜定。

图330

第331局　炮高兵相例和单马

如图331，红方先行。

本局中红方用相代替上一局的仕，助攻作用不大，黑方可以守和。

① 炮四平五　将5进1
② 相三退五　将5平4
③ 帅四平五　将4平5

黑方及时回将，正确。如将4退1，则相五进七，将4进1，炮五平六，马3进4，黑马被牵死，红方胜定。

④ 帅五平四　将5平4

（和棋）

图331

第 332 局　炮高兵双仕例胜马单士

如图332，红方先行。

① 兵五进一　将6平5
② 兵五进一　士5退6
③ 炮五平二

红方利用中兵控制黑方士、将后，平炮侧击，是取胜关键。

③……　　　马3进5

黑方如改走将5平4，则兵五平六，马3进4，炮二平六，马4进5，兵六进一，将4平5，炮六平五，捉死黑马，红方胜定。

④ 炮二进九　士6进5
⑤ 兵五进一　将5进1
⑥ 炮二退九

黑马被牵住，红方胜定。

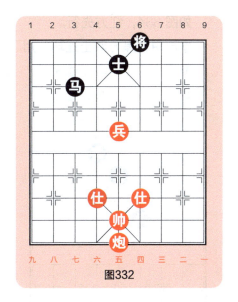

图332

第 333 局　炮双仕例和马单象

如图333，红方先行。

本局中，黑方马和象互相保护，红方无法取胜。

① 炮二平四　将6平5
② 炮四平五　将5平6
③ 帅六平五　马3进4
④ 帅五平六　马4退3
⑤ 帅六退一　将6进1

（和棋）

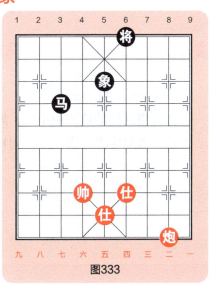

图333

第334局 炮双仕例和马双士

如图334，红方先行。

本局中，黑方双士连环，用马走闲着，可以守和。

① 帅六退一　马4进5　② 炮二平五　马5进3
③ 帅六进一　马3进2　④ 帅六退一　马2退1（和棋）

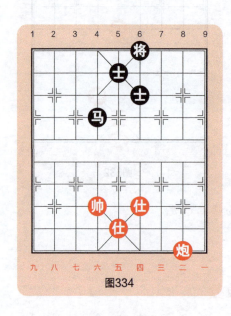

图334

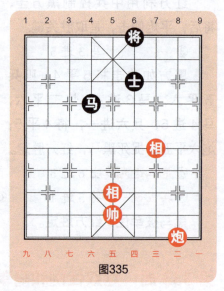

图335

第335局 炮双相例和马单士

如图335，红方先行。

本局中红相助攻作用不大，黑方可以守和。

注：本局中黑士换成象，同样是例和残局。

① 炮二平五　士6退5　② 相五退七　士5退4
③ 相三退五　马4进5　④ 炮五平四　马5退3（和棋）

第 336 局　炮高兵单缺仕例和马单士象

如图 336，红方先行。

本局中，黑方马、士、象相互保护，不给红方中兵从中路杀入的机会，可以守和。

① 兵五平六　马4退3

黑马尽量不要离士、象太远。

② 炮五平三　象7退5
③ 兵六平五　象5进3
④ 炮三平四　将6平5
⑤ 相五进七　马3进2

黑方如改走马3进4也是和棋，但不如马3进2简明。

⑥ 炮四平五　马2退3（和棋）

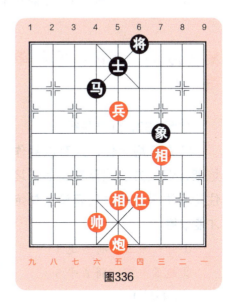

图336

第 337 局　炮高兵例和单炮（1）

如图 337，红方先行。

本局中，黑将伺机抢占中路，同时必须注意帅与兵的动向，红方难以取胜。

① 炮五平八　将4退1
② 炮八进三　将4平5
③ 炮八平四　炮4平6
④ 炮四进一　将5退1
⑤ 帅五平六

红方如改走兵五进一，则炮6平7，帅五退一，将7进3，炮

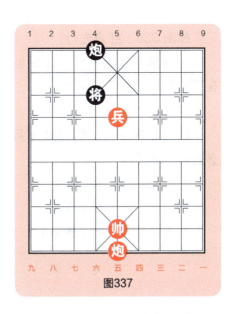

图337

四平五，将5平6，和棋。

⑤……　　炮6平7（和棋）

第338局　炮高兵例和单炮（2）

如图338，红方先行。

红方有炮无仕，只有以兵作炮架，但黑方的炮藏在将后，堵住炮兵进杀之路，只有设法兑炮才能取胜。

① 帅六平五　将6退1
② 炮五平三　将6平5

（和棋）

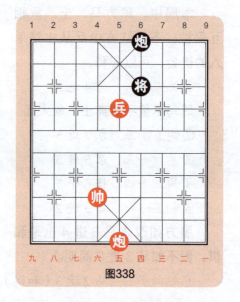

图338

第339局　炮高兵巧胜单炮（1）

如图339，红方先行。

本局黑将位置不佳，如果能在下二路线黑方可以守和。

① 炮二平四

红方兑炮好棋，转换成高兵必胜孤将残局。

①……　　炮6进7
② 兵五平四　将6退1
③ 帅五平四（红方胜定）

图339

第340局 炮高兵巧胜单炮

如图340，红方先行。

本局红方有利用兑炮的机会抢得中路控制权即运用了兑子占位的攻杀技巧。

① 兵五平六　将4退1
② 炮五退二

红方准备帅占中兑炮控制中路。

②……　　　炮5平4
③ 帅四平五　炮4进4
④ 帅五进一　将4退1
⑤ 兵六进一　炮4退1
⑥ 炮五平六（红胜）

图340

第341局 炮高兵仕例胜单炮

如图341，红方先行。

本局中，红方有仕可以充当炮架，红方兵、帅分控两肋可以取胜。注：本局中仕换成相同样可以取胜。

① 兵五进一　将4退1
② 帅五平四　炮4平1
③ 仕四进五　炮1进9
④ 炮五平六　炮1退1
⑤ 仕五进六　炮1平4
⑥ 帅四平五

捉死黑炮，红方胜定。

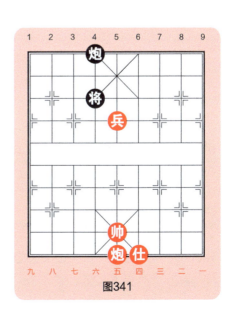

图341

第342局 炮高兵仕例胜炮单士

如图342,红方先行。

① 兵三平四　将5退1
② 兵四进一　炮5平4
③ 炮一平五　炮4进6
④ 仕四退五　将5平4
⑤ 炮五平六

捉死黑炮,红方胜定。

图342

八、车兵类残局

第343局　车底兵例胜士象全（1）

如图343，红方先行。

底兵虽然位置不佳，但是可以破掉黑方士、象或者破坏黑方最佳防守阵形，红方可以取胜。

① 帅五平六

红方出帅助攻，为破士做准备。

① ……　　象5进7
② 兵七平六　士5退4
③ 车六进一　将5进1
④ 车六平四

形成单车例胜双象残局，红方胜定。

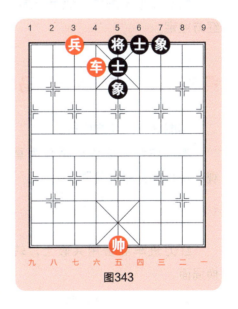

图343

第344局　车底兵例胜士象全（2）

如图344，红方先行。

① 帅五平六　象5进7　② 兵七平六　将5平6

③帅六平五

红方平帅准备牵制黑将。

③……　　　象7进5

④帅五平四　士5退4

黑方如将6进1，则兵六平五，象7退9，车六退七，红车绕到另一侧绝杀，因此这步棋黑方只能弃士解杀。

⑤车六进一　将6进1

⑥车六平三

转换成单车例胜单缺士残局，红方胜定。

图344

第345局　车低兵例胜马单缺象

如图345，红方先行。

本局中红方取胜思路较为直观，用兵换士即可获胜。

①兵七平六　马4进3

②车四进四

红方进车准备用兵破士，转换局面。

②……　　　马3进5

③兵六进一　将5平4

黑方如士5退4，则车四退四捉死黑马，红方胜定。

④车四平五（红方胜定）

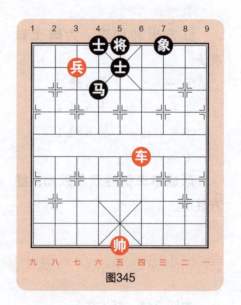

图345

第346局　车低兵例胜马单缺士（1）

如图346，红方先行。

本局红方利用车、兵的牵制作用，伺机破掉黑方一士或一象，均可获胜。

① 兵七平六　士5退4

黑方如改走象9退7，则车四平八，士5退4，车八进五，捉死黑士，红方胜定。

② 车四进一　象9退7　　③ 车四平三

破象后，红方胜定。

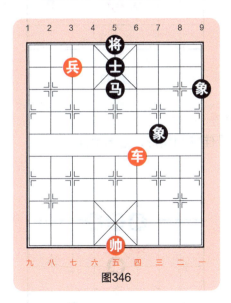
图346

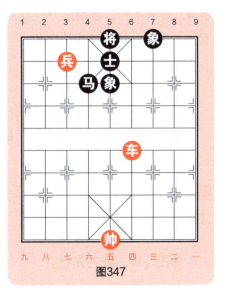
图347

第347局　车低兵例胜马单缺士（2）

如图347，红方先行。

① 兵七平六　马4进3　　② 车四平八　士5退4
③ 车八进五　将5平6　　④ 车八平六　将6进1
⑤ 车六平五

以后红兵借助中车的力量，兵六平五占中作杀，红方胜定。

第348局　车低兵例胜马士象全（1）

如图348，红方先行。

本局中红方车低兵联攻，可以破去黑方双士或双象或一士一象，转换成红方例胜的残局。

① 兵三平四　　士5退6

② 车五平二　　马3退4

黑方如改走士4进5，则车二平四，象7退9，车四进三，马3退4，帅五平四，以后红方一兵换双士，黑方马位欠佳无法守和。

③ 兵四进一　　将5平6

④ 车二进七　　将6进1

⑤ 车二平六　　马4进2　　⑥ 车六退五

黑方无法调整成"马三象"的最佳守和棋形，红方胜定。

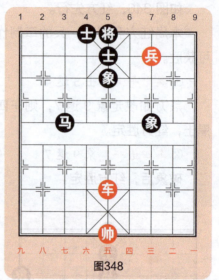
图348

第349局　车低兵例胜马士象全（2）

如图349，红方先行。

① 车八进四

红方进车粘住黑马，取胜的关键。

① ……　　　　象7退9

② 帅五平六　　象9进7

③ 兵六进一　　士5退4

④ 车八平六　　将5进1

⑤ 车六平四（红方胜定）

图349

第350局　车底兵例胜炮双士

如图350，红方先行。

黑方炮双士可以守和单车的进攻，但是当红方增加一个底兵后，可以破坏黑方防守阵形，便可以获胜。

① 兵八平七

红方平兵捉炮，迫使黑炮离开防守要点。

①……　　　炮4进6

② 车八平三

红方平车准备配合底兵攻击黑士。

②……　　　将6进1　　③帅五平四　　炮4平6

④ 兵七平六

红方献兵的同时伏有兵六平五作杀的手段。

④……　　　士5退4　　⑤车三平四　　士4进5

黑方如果闪炮，则车四进二，破士后，红方胜定。

⑥ 车四退二（红方胜定）

第351局　车底兵例胜炮双象

如图351，红方先行。

本局中，红方利用底兵迫使黑将离开中路破坏黑方防守阵形，谋象或谋炮而取胜。

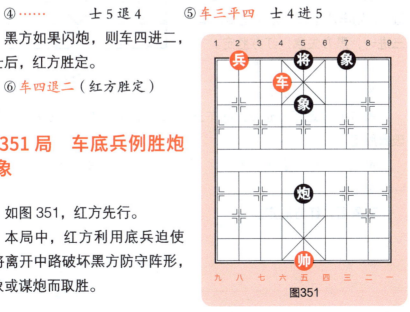
图350
图351

① 兵八平七　将5平6

黑方如改走象5进7，则兵七平六，将5平6，车六退五，炮5退5，红方有车六平四再兵六平五的连杀手段，红方胜定。

② 兵七平六　炮5退2　　③ 车六平三　象7进9

④ 车三退一　将6进1　　⑤ 车三平五

破象后，红方胜定。

第352局　车低兵例胜炮单缺士

如图352，红方先行。

本局中，红方用兵牵制黑方炮、士，车转移至另一侧谋象获胜。

① 车八进一

进车牵制黑方炮、士，简明。

图352

①……　　　　象7进9

黑方如改走士5退4或士5进4，则车八平三，象7进9，车三进一，黑方失象，红方胜定。

② 车八平五　象9退7

③ 车五平三　象7进9

黑方如改走炮6进2，则车三进二，士5退4，车三进一，红方破象胜定。

④ 车三进一　象9退7　　⑤ 车三进一　士5退4

⑥ 车三进一

破象后，红方胜定。

第 353 局　车低兵例胜炮单缺象

如图 353，红方先行。

本局中，红方可先捉黑象再破士获胜。

① 车三平八　士 5 退 4
② 车八平五　炮 6 进 4

黑方如改走炮 6 退 1，则车五进一，士 6 进 5，兵六平五，士 4 进 5，车五进一，将 5 平 6，车五进一，绝杀。

③ 车五进一　士 6 进 5
④ 兵六平五　士 4 进 5
⑤ 车五进一　将 5 平 6
⑥ 车五退二（红方胜定）

图353

第 354 局　车低兵例和炮士象全（1）

如图 354，红方先行。

本局中黑方守和的要点有三个：一是以炮当士，这样可以避免红方车兵帅集中进攻；二是炮与双象必须左右分开；三是中路受牵时要动炮走闲。

① 车七进三　象 7 退 9
② 车七退二　象 9 退 7

黑方也可以走象 9 进 7，但是高象不如低象易于掌握，因此推荐走象 9 退 7。

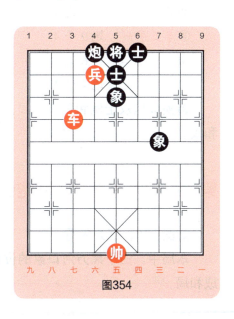

图354

③帅五进一　士5进6

黑方进士正着，如改走象5进7，则兵六进一，将5平4，车七进二，下一步再车七退四，形成单车巧胜士象全残局。

④车七平八　士6退5　　⑤帅五退一　炮4平3

防守要点，黑方如士5进6或象5进7，红方都可以兵六进一，形成单车巧胜士象全残局。

⑥车八平七　炮3平4（和棋）

第355局　车低兵例和炮士象全（2）

如图355，红方先行。

本局中，黑方以牺牲双象为代价，谋得红兵，转换成炮双士守和单车的残局。

①车二退一　将5平6

黑方出将，不给红方用兵换取一士一象的机会，守和的关键。

②车二平五　炮9进1

③车五平一　炮9平4

④车一进二　将6进1

⑤车一平七　炮4退1

转换成炮双士例和单车残局，和棋。

图355

第356局　车低兵巧胜炮士象全（1）

如图356，红方先行。

本局中，由于黑方河口象的位置不好，恰巧被车兵管住，不能走成和局。

① 车六进三

红方这一步棋，直接使黑方双象均无法移动。

① ……　　炮4平1

黑方如改走将5平6，则车六平四，将6平5，车四平五，将5平6，兵五平四！黑方必失一象，红方胜定。

② 车六平五　士5进4

③ 兵五平四

红方平兵塞象眼，助车捉河口象。

③ ……　　象7退9

④ 车五平九　炮1平3　　⑤ 车九进二

捉双，红方得士胜定。

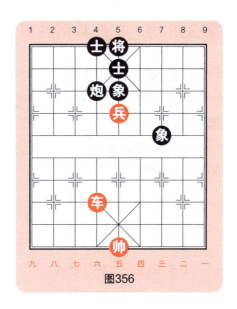

图356

第357局　车低兵巧胜炮士象全（2）

如图357，红方先行。

① 兵七平六　象5退7

② 兵六平五

红方用一兵换掉黑方双士。

② ……　　士6进5

黑方如改走将5平4，则兵五进一，将4进1，兵五平四，象4平5，车五平七，黑方必失一象，红方胜定。

③ 车五进二　将5平4

④ 车五进一　将4进1

⑤ 车五平七（红方胜定）

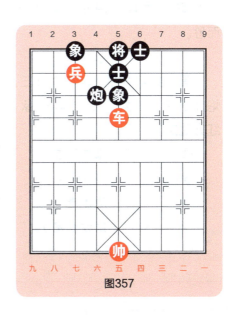

图357

第358局　车低兵例胜双炮单士

如图358，红方先行。

本局中红方以兵换士，抽吃黑方底炮获胜。

注：黑方如果是双士，红方同样可以取胜。

① 车二退一　炮3进2
② 兵五进一　士4进5
③ 车二平五　将5平4
④ 车五进一　将4进1
⑤ 车五平四（红方胜定）

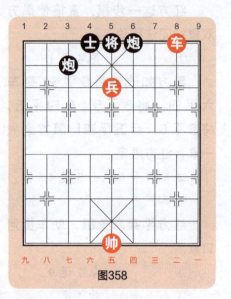

图358

第359局　车高兵例胜双炮双象

如图359，红方先行。

本局中，红方主帅占中助战，车兵联合进攻，用车白吃黑炮而胜。

① 兵六进一　象9退7

黑方如炮8平4，车六进三，炮1进2，车六平五再破一象，红方胜定。

② 兵六平五　象7进5
③ 车六平五　将5平4
④ 车五进三　炮1退2
⑤ 车五平二（红方胜定）

图359

第 360 局　车低兵例和双炮双象

如图 360，红方先行。

本局中，黑方双炮连环挡守，使红方车兵无机可乘。

① 车七平八　炮3平2　② 帅五进一　炮6平8（和棋）

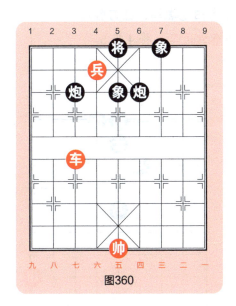

图360

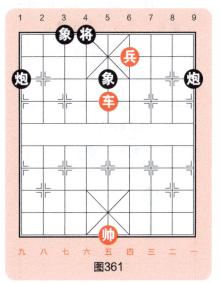

图361

第 361 局　车低兵巧胜双炮双象

如图 361，红方先行。

本局中，红方用兵占宫心，限制黑将活动，主帅牵制一炮，黑方另一炮无法拦车，从而获胜。

① 兵四平五　炮9平6　② 车五平六　炮1平4

③ 车六平二　炮6平8　④ 帅五平六

出帅牵制炮与将，是获胜关键之着。

④ ……　　　炮8平7　⑤ 车二平四

因黑方不能炮7平6阻挡，红方下一步车四进三即可获胜。

注：本局如由黑方先走，只要将4平5，以后用双炮拦车，即成和局。

第362局　车低兵例胜双马双士

如图362，红方先行。

本局中，红方要进车破坏双马互保，再用兵破士。

① 车六进一　　马3进2

黑方如改走将4退1，则车六平七白吃黑马，红方胜定。

② 兵三平四　　士5进6　　③ 车六进二　　将4平5

④ 车六平四（红方胜定）

图362

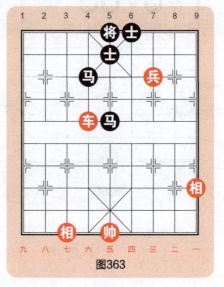

图363

第363局　车低兵双相例胜双马双士

如图363，红方先行。

本局中，红方可以用兵换马转化成单车例胜马双士的残局，获得胜利。

① 兵三平四　　将5平4　　② 兵四平五　　将4进1

③ 兵五平六　　马5退4　　④ 帅五平六（红方胜定）

第 364 局　车低兵相例胜双马双象

如图 364，红方先行。

本局中，红车沉到底线，配合低兵抢占宫心，谋取黑象或马取胜。

① 兵三进一　将 4 进 1
② 车六进二　将 4 平 5
③ 车六平四　象 5 进 3

黑方如改走马 4 进 3，则兵三平四，将 5 进 1，车四平八，马 3 退 4，车八平五，黑象必失，红方胜定。

④ 车四进三　象 3 退 1
⑤ 车四平三（红方胜定）

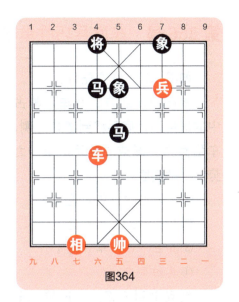

图364

第 365 局　车底兵例和单车

如图 365，红方先行。

本局中，黑方守和要点在于黑车不离中路，红车与底兵无法可胜。

① 车六进四　将 5 进 1
② 兵六平五　车 5 退 2
③ 兵五平六　车 5 进 2
④ 车六进一

红方预备兜底将抽车。

④ ……　　　将 5 平 6

黑方逃将，不让车是正着。

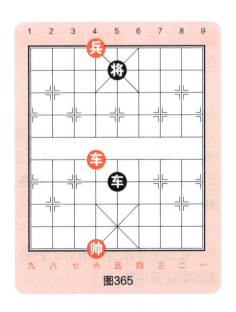

图365

⑤兵四平三　将6退1　　⑥车六退一　将6进1（和棋）

第366局　车底兵巧胜单车（1）

如图366，红方先行。

本局中，红方在有车、帅占中的形势下，底兵移到黑将一侧，车借兵力，形成"老兵捞车"之势，一举获胜。

① 车五进四　将6进1
② 兵六平五　车6进1
③ 兵五平四　车6退1
④ 兵四平三

红兵平到三路线，掩护红车到肋线上"捞车"。

④……　　车6进1
⑤ 车五进一　将6退1

图366

⑥ 车五平四（红胜）

第367局　车底兵巧胜单车（2）

如图367，红方先行。

本局中，黑车虽然占得中线据点，但只要红方抓住黑将位置太差的弱点，逼黑车离开中路，即可获胜。

① 车一平四

红方平车是等待机会的好着，逼黑车让开中路。

图367

① ……　　车5平9　　② 车四平五　车9进3
③ 帅四平五　车9退3　　④ 车五退五

红方准备当头杀！使黑车无法前后兼顾。

④ ……　　车9进8　　⑤ 帅五进一　车9平4
⑥ 车五进五

红方接下来车五平六即可成杀。

第368局　车低兵仕例和车单士（1）

如图368，红方先行。

本局中，黑方棋形的要点是车护将头，士在另一侧士角，并在兵侧，使兵不能占中。这种棋形俗称"车盖将头"的正和形"单车领士"。如果士在将头，车在另一侧士角则形成红方巧胜的棋形，这种棋形俗称"士盖将头"。

① 车五平二　将6退1

图368

黑方退将是守和的关键，车保士不能轻易离开。如改走车6进2，则车二进六，将6退1，红方车二退一捉士，黑方失去守势，即成败局。

② 车二进七　将6进1　　③ 车二平五　车6进2
④ 车五退二　车6退2

黑方借将力兑车保士，谋和的第二个关键点。

⑤ 车五退四

红方兑车或退车均是和棋。

第369局　车低兵仕例和车单士（2）

如图369，红方先行。

本局中，黑方士藏将底（也称太公坐椅），即黑士落到将底，使红兵无法占据宫心，黑车护将；如果红兵变成底兵，黑车将占中，便成和局。

① 车二进四　将6进1
② 车二进一　将6退1

黑方退将保士，正着。如士6进5，则车二退一，将6进1或将6退1，红方都可车二平五抽吃中士，红方胜定。

③ 兵七平六　车6进4
④ 兵六进一　将6平5
⑤ 帅五平六　将5进1

黑方守和的关键。如车6平5吃仕，则车二平四，黑方虽有中车，但是无法保持在中路，红方可以巧胜。

⑥ 车二退二　将5退1

（和棋）

图369

第370局　车低兵仕巧胜车单士（1）

如图370，红方先行。

本局中，红方抓住黑士在将顶的弱点，红车邀兑，红帅牵制黑士，红兵占宫心，黑方无着可应，红方可胜。

图370

① 车四进四　车5平4　②车四退五

红方退车准备借仕的力量兑车，迫使黑车离开中线。

②……　　　车4平2

黑方如改走车4平5，则车四进三，车5平2，车四平五，将6退1，兵六平五，车2平4，车五平三，红方胜定。

③车四平五　将6退1　④兵六平五　车2进7

⑤帅四进一　车2退6　⑥车五进一

以下黑方如车2平6，则车五平四兑掉黑车，困毙黑方；黑方又如车2平7，则车五平一，以后再车一进七，红方同样获胜。

第371局　车低兵仕巧胜车单士（2）

如图371，红方先行。

① 兵三平四　车5平4
② 车四平五　将5平4
③ 帅六平五　车4进4
④ 兵四进一

红方破士以后形成"老兵捞车"的局面，取胜方法见第368局。

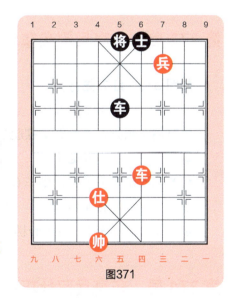

图371

第372局　车高兵例和车单士（1）

如图372，红方先行。

本局中，黑方以车遮头保士，以士遮头保宫心，以将走闲着，使红车不能离开中线，才能成和。

① 兵五进一　将4进1（和棋）

图372

图373

第373局 车高兵例和车单士（2）

如图373，红方先行。

① 兵三平四　车7平6

黑方用车跟兵，不给红车摆脱的机会，是谋和的关键。

② 帅五进一　车6退1　　③ 车五平六

红方如改走车五平六，则车6平5，帅五平四，将4平5，和棋。

③ ……　　　将4平5　　④ 兵四平五　车6平5

⑤ 帅五平六　车5进1（和棋）

第374局 车高兵双仕巧胜车单士

如图374，红方先行。

本局中，红方用车制士，以兵攻占中路取胜。

① 兵五进一　车6平8　　② 仕五退四　车8平9

③ 兵五平六

红方平兵巧着，黑方如接走车9平4，则车五平四胜。

③……　　士4进5

④兵六进一　士5进6

⑤车五进三　车9平8

黑方如改走将6进1，则兵六平五亦胜。

⑥兵六平五

红方接下来再车五平六即胜。

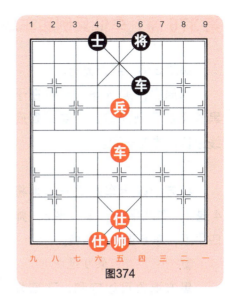

图374

第375局　车低兵例和车单象（1）

如图375，红方先行。

本局中，黑方要保持中车、中将，时刻注意防守红方从底线把黑方中车赶走的攻击手段。更重要的一点是，黑象不能与兵同侧，保持象位的灵活性。

①兵三平四　将5平6

②兵四平五　将6平5

③兵五平六　将5平6

④车六平七

红方如改走兵六平七，则将6平5，车六进四，将5退1，兵七平六，将5平6，和棋。

④……　　象3进1　　⑤车七进二　车5退1

黑方由于有象的存在，可以通过兑车来简化局面。

⑥车七退一　车5进3（和棋）

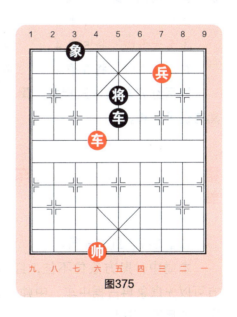

图375

第376局　车低兵例和车单象（2）

如图376，红方先行。

本局中，黑方守和要点在于黑象不能飞到河口，而要退到底线原位，才能守和。

① 车八平一

红方如改走车八进一，则将4退1，车八平一，车5平6，帅四平五，车6退3，和棋。

① ……　　　象9退7

黑方退象可以守和，飞高象就要输，变化详见下一局。

② 车一平六　　将4平5
③ 车六平四　　将5平4　　④ 兵四平五　　将4平5
⑤ 兵五平六　　将5平4　　⑥ 兵六平七　　将4平5

以后红方车四进三捉象，黑方可将5退1走闲，红车不能离线，黑方仍可守和。

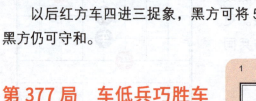

图376

第377局　车低兵巧胜车单象（1）

如图377，红方先行。

本局中，黑方象位不佳，红方可以先谋象再占据中车、中帅，车与低兵配合取胜。

① 车六平三　　象7进9
② 车三进二　　将6退1
③ 车三平一　　车5平2

图377

④车一进一　将6进1　　⑤车一平五

以后红方中车、中帅，利用"老兵捞车"战术获胜。

第378局　车低兵巧胜车单象（2）

如图378，红方先行。

本局中，红车抢占中路，从底线攻击黑将，获得胜利。

①车三平五　象7退9

②帅六平五　象9退7

③车五进三　将6退1

④兵六平五　将6进1

⑤车五平四（红胜）

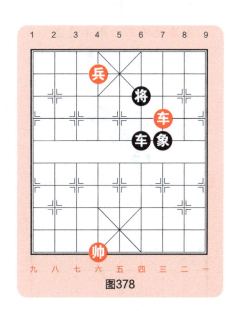

图378

第379局　车低兵仕例和车双士

如图379，红方先行。

黑方双士联络，用车策应可以抵御车低兵的攻击。注：车双士同样可以守和车高兵的进攻。

①车九平五　车4平1

②兵七平六　将5平6

③帅五平四　车1进3

黑方高车掩护中士，正着。黑方如改走车1平4，则兵六平五白吃中士，红方胜定。

④车五平四　将6平5

⑤车四平三　车1平5

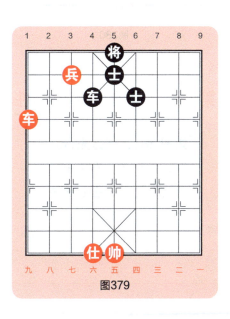

图379

黑车占中以后，保持双士联络，和棋。

第380局　车低兵仕巧胜车双士（1）

如图380，红方先行。

①车九进三　车4退2　②车九平七　车4平3
③兵七进一（红胜）

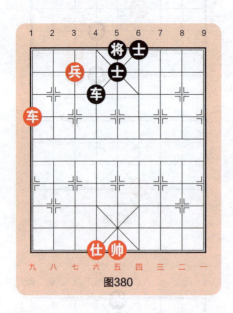

图380

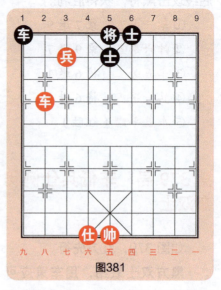

图381

第381局　车低兵仕巧胜车双士（2）

如图381，红方先行。

①兵七平六　车1平3　②车八平一　车3平2
③兵六平五　士6进5　④车一进三（红胜）

第 382 局　车低兵相例胜车双象

如图 382，红方先行。

本局中，红方用相护帅，减弱黑车威力，车帅夺占中路，即可获胜。

① 车四进五

红方沉底车准备从底线攻击黑方中路，迫使黑方中车离开防守要点。

①……　　将 5 平 4

图382

黑方如车 5 进 4，则帅五平六，车 5 平 7，车四平五，将 5 平 6，帅六平五，以后兵六平五，红方胜定。

② 车四平六

红方准备配合兵六平七闪击黑方中路。

②……　　车 5 平 8

如改走车 5 平 3，则兵六平七，将 4 平 5，车六平五，将 5 平 6，相五进七，红方胜定。

③ 相五进七　车 8 平 5　　④ 帅五平四　车 5 进 1

⑤ 兵六平七

黑车必失，红方胜定。

第 383 局　车低兵双相例胜车双象（1）

如图 383，红方先行。

红方的取胜要点是亮帅助战，车兵进攻，车沉底，兵占宫心，即可取胜。

① 相五进七　车3平6　② 兵七平六　车6进3
③ 车五进五　车6退2　④ 兵六平五　将6进1
⑤ 车五平四（红胜）

图383

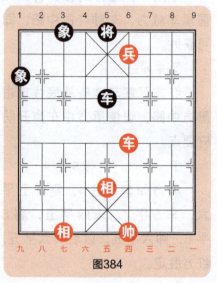

图384

第384局　车低兵双相例胜车双象（2）

如图384，红方先行。

① 车四进一　车5进2　② 帅四平五　车5退3
③ 车四平一　将5平4　④ 车一平六　将4平5
⑤ 帅五平六（红胜）

九、双马类残局

第385局 双马例胜双士

如图385，红方先行。

本局中，红方有多种取胜方法，最简明的思路有两种，一是用一马换对方一士，形成单马例胜单士残局；二是一马控制黑将，一马将军作杀。

① 马八进六　将5平4

② 马六进八　将4平5

③ 马四进六　将5平6

④ 帅五平四

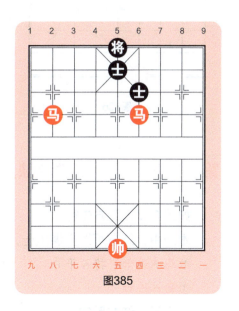

图385

红方弃马控制，简明有力。

④……　　　士5进4

⑤ 马八退六（黑方困毙）

第386局 双马例胜双象

如图386，红方先行。

① 马八进七　将5平6　　② 马四进二

红方双马控将的同时,各捉一象,黑象必失其一。

② ……　　象 5 退 3　　③ 马二进三

破象后,红方胜定。

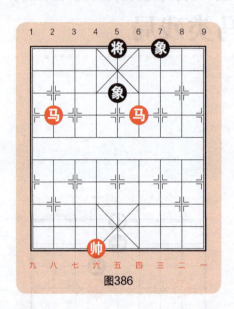
图386

图387

第 387 局　双马例胜单缺士

如图 387,红方先行。

本局中,红方可以先谋黑士,转换成双马例胜双象残局。

① 马八进六　将 5 平 6　　② 马六进八　将 6 平 5

③ 马八进六

得士后,红方胜定。

第 388 局　双马例胜单缺象

如图 388,红方先行。

本局中,红方一马控制黑象,另一马捉死象,红方可以获胜。

① 马四进二　象 7 进 9　　② 马八进七　将 5 平 6

③马七退五　将6平5

④马五进三　将5平6

⑤马三退一

得象后，红方胜定。

第389局　双马例胜士象全

如图389，红方先行。

本局中，红方将双马运至同侧，形成"双马饮泉"之势，破黑方士象而胜。

①马八退七　士5退4

黑方如改走象5退3，则马七退五，象7退5，马五进三，士5退4，马三进二，与主变取胜思路相同。

②马七退五　士4退5

③马五进三　士5进4

黑方如改走士5进6，帅五退一！士4进5，马三进二，将6进1，马三退四，红胜。

④马三进二

红方已形成"双马饮泉"之势，必得士象。

④……　　　将6进1

⑤马三退四　象7退9

黑方不能动士，否则马四进二成杀。

⑥马四进六

破士后，红方胜定。

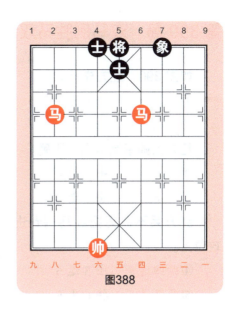

图388

图389

第390局 双马例胜马双士（1）

如图390，红方先行。

① 马一进三　将6进1
② 帅五平四

红方出帅牵制黑马，正确。

② ……　　　士5进4
③ 马七进五　士4退5

红方兵不血刃把红马调到进攻位置。

④ 帅四进一　士5退6
⑤ 马三进二　将6平5
⑥ 马五进四（红方胜定）

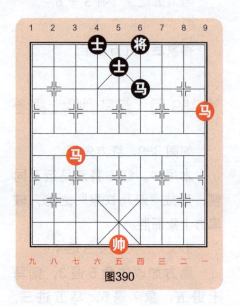

图390

第391局 双马例胜马双士（2）

如图391，红方先行。

① 马一进二　马5进6

黑方如改走马5退7，则马五进三，将6退1，马三进五，红方胜定。

② 帅五平四　士5退4

黑方如士5进6，则马五进六，将6平5，马二退四，红方胜定。

③ 马五进六　将6平5
④ 马六进八（红方胜定）

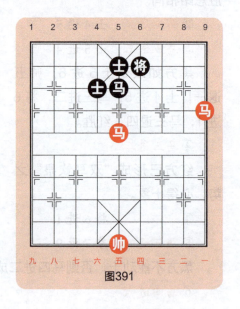

图391

第 392 局　双马例胜马双象

如图 392，红方先行。

本局中，红方要避免兑子，先双马逼黑将到顶角控制其活动，然后再捉马，即可取胜。

① 马四进三

红方的关键之着，可以控制黑将活动。

①……　　象 5 退 7

黑方如改走马 7 退 8，则马二进四，将 5 进 1，马四进三，抽吃黑马，红方胜定。

② 马二进三　将 5 平 6
③ 前马退五　将 6 进 1

黑方如将 6 平 5，则马五进七，红胜。

④ 马五进六　将 6 进 1　　⑤ 马三退四　象 7 进 5
⑥ 马四进六　马 7 退 5　　⑦ 前马退七

捉死黑马，红方胜定。

第 393 局　双马相例胜炮双士（1）

如图 393，红方先行。

本局中，红方先以主帅控制中路，双马逼黑将到顶角，然后以一马控制黑将活动，一马叫杀或捉死黑炮，即可获胜。

① 马四进三　炮 2 平 1

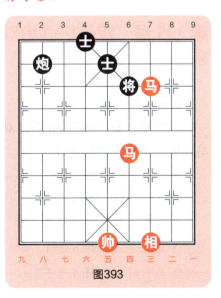

图393

双马类残局

② 前马进二　炮1平2　③ 马三进五

这是红马转移的最佳点位，准备马五进七再马七退六成杀。

③……　　　炮2退1　④ 马二退一　炮2进2

⑤ 马一退三　炮2退1　⑥ 马五退四

下一着马四进六成杀，红方胜定。

第394局　双马相例胜炮双士（2）

如图394，红方先行。

① 马六进七　士5进6

② 马七进八　炮3退4

③ 马八退七　将4退1

④ 马八退七　将4进1

⑤ 前马进九　炮3进2

⑥ 马九退七

得炮后，红方胜定。

图394

第395局　双马例胜炮双象（1）

如图395，红方先行。

本局中，红帅占据中路，双马逼黑炮垫将，捉死炮胜。

① 马五退六　将4退1

② 马三退四　炮5退5

③ 马六进七　将4退1

④ 马四进六　炮5进1

⑤ 马六进八　将4平5

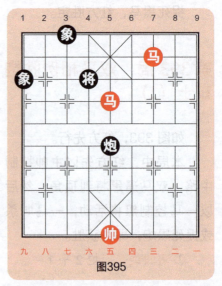

图395

⑥马七进九

得象后,红方胜定。

第 396 局　双马例胜炮双象（2）

如图 396,红方先行。

① 马四退二　象 7 退 9

黑方如改走马 7 退 5,则马二退四,红方速胜。

② 马二退四　炮 5 进 2
③ 马四进五　象 3 退 5
④ 马五退三　炮 5 平 6
⑤ 马三进四　炮 6 退 2
⑥ 马七退五（红胜）

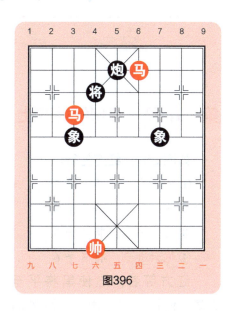

图396

十、双炮类残局

第 397 局　双炮例胜双士

如图 397，红方先行。

① 帅六平五　将 6 平 5
② 炮九平四　将 5 平 4
③ 前炮平六　将 4 平 5
④ 炮六进三　将 5 平 6

红方等着，迫使黑将平至 6 路，借机予以禁困，是取胜的关键。

⑤ 炮六平五　士 5 退 4
⑥ 炮五平四（红胜）

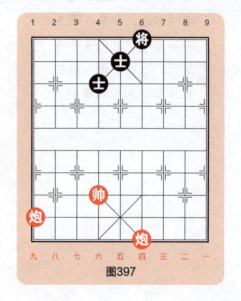

图397

第 398 局　双炮例和双象

如图 398，红方先行。

本局中，黑方要注意的是当红方主帅在中路时，黑方要中联象，将移中路，并可左右移动，使红方无法取胜。

① 炮五平四　将 6 平 5　　② 帅五平四　将 5 退 1
③ 前炮平五　象 5 退 7　　④ 炮四平五　将 5 平 4

⑤帅四平五　象3进5

黑方象7进5也是和棋。但是不能走将4进1自塞象眼，否则红方可后炮平六，黑方象7进5，炮五进六得象。

⑥前炮平六　将4进1

（和棋）

第399局　双炮仕例胜双象

如图399，红方先行。

本局中，红方借助帅与仕的牵制和助攻作用，用一炮换双象获得胜利。

①炮四平一　将4进1

②炮五进六　象7退5

③炮一平六　将4平5

④炮六平五　将5退1

⑤炮五进七（红方胜定）

第400局　双炮相例和双象

如图400，红方先行。

本局中，红方仅有单相助攻，无法取胜。黑方可以利用将走闲着，策应双象的防守。

①炮六平四　象7退9　②炮三平五　象9退7

③炮四进二　将4平5　④炮四平二　将5平4

⑤帅五进一　将4退1　⑥炮二平四　将4平5

红方如炮五进七，则将5进1捉双，和棋。

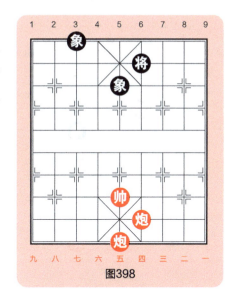

图398

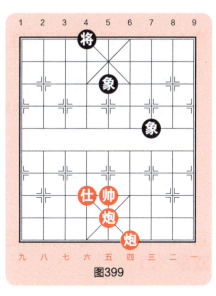

图399

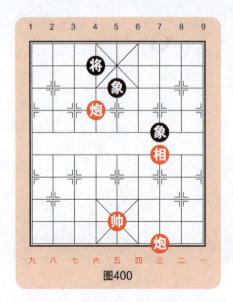

图400

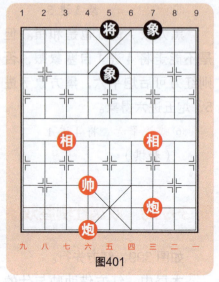

图401

第401局 双炮双相例胜双象（1）

如图401，红方先行。

本局中，红方双炮在双相的助攻下，把黑将逼到底象一侧。

① 炮六平五　将5平6　② 帅六平五　象5退3

③ 炮三进八

得象后，红方胜定。

第402局 双炮双相例胜双象（2）

如图402，红方先行。

本局中，红方双炮有双相的助攻，可以进行针对性的攻击，对黑方双象各个击破获得胜利。

① 炮三平五　象5退7

图402

黑方如改走将5平4，则炮六进六，象3退1，帅四平五，黑方中象必失。

③炮六平三　　象7进9　　③炮三平七　　象3退1

黑方双象被打散，红方利用双炮对黑将展开攻击。

④炮七平五　　将5平4　　⑤帅四平五

红方夺得中路控制权，黑方败定。

⑤……　　　象1进3　　⑥前炮平七

以下黑方如象3退5，则炮五进七得象；又如象3退1，则炮七平六，红方下一着炮五平六，重炮杀棋。

第403局　双炮双相例胜士象全（1）

如图403，红方先行。

①帅五平六　　象7进9

②炮六平三

黑象必失，红方胜定。

第404局　双炮双相例胜士象全（2）

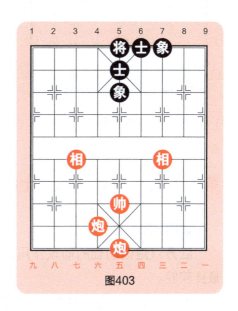

图403

如图404，红方先行。

①帅五平四　　士5进4

黑方如改走士5进6，则炮八进九，象5进3，炮三平五，将5平6（如象3退1，则红方与实战思路相同），炮八平六得士，红方胜定。

②炮八进九　　象5进3　　③炮三平五

红方空头炮是牵制黑方士象的好棋。

③……　　　象3退1　　④相七退五　　士4退5

⑤炮八退三

红方退炮压象眼,不给黑方边象调整的机会。

⑤……　　　象3进5　　⑥相五进七

红方再控中象,步步为营。

⑥……　　　象1退3　　⑦炮八进三(黑方困毙)

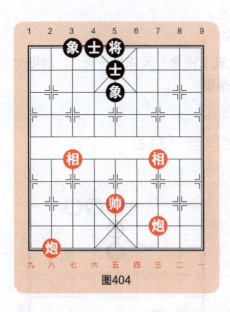

图404

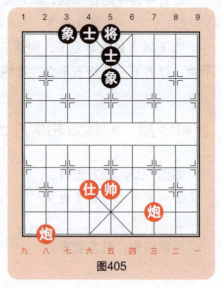

图405

第405局　双炮仕例胜士象全(1)

如图405,红方先行。

红方双炮借助仕的助攻作用,对黑方士、象采用各个击破战术,最终获胜。

①炮三平四　　象5退7　　②炮八进九　　将5平6
③仕六退五　　将6平5　　④仕五进四　　象7进9
⑤炮四平五　　象9进7　　⑥炮五进七

破士后,红方胜定。

第 406 局　双炮仕例胜士象全（2）

如图 406，红方先行。

本局中，红方取胜的思路分为两步，第一步是红帅占据四路控制黑将"通头"；第二步双炮、仕三子相互配合夺取黑方士、象。

① 炮八平四　象 3 退 1

② 炮六平四　将 6 平 5

③ 帅五平四

红方出帅控制黑将"通头"简明。

③ ……　　　象 1 退 3

④ 前炮平六　将 5 平 4

⑤ 炮四平五　象 5 退 7　⑥ 炮六退一

红方退炮等一着，好棋。

⑥ ……　　　象 3 进 1　⑦ 帅四平五

黑士必失，红方胜定。

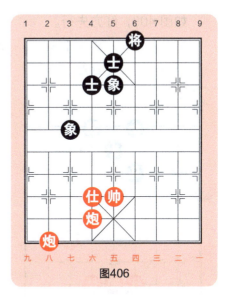

图406

第 407 局　双炮双仕例胜马双士（1）

如图 407，红方先行。

本局中，红方双炮有双士做炮架子，马双士无法守和。

① 帅四退一　士 5 进 6

② 炮六平四　马 6 进 5

③ 仕四退五　马 5 退 6

④ 炮四进六

得士后，红方胜定。

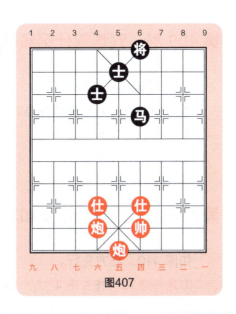

图407

第408局 双炮双仕例胜马双士（2）

如图408，红方先行。

① 炮一平四　将6平5　② 炮三平九　马4进3
③ 炮九进五（红胜）

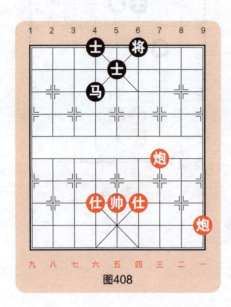

图408

图409

第409局 双炮双仕例和马双象

如图409，红方先行。

本局中，红方双仕无法充当攻象的炮架，红方无法取胜。

① 炮一平五　马3进4　② 炮五平六　马4退3
③ 炮六平三　象7进9　④ 后炮平四　象9退7（和棋）

第410局 双炮双相例和马双象

如图410，红方先行。

① 炮一平三　将5平4　② 炮二进六　将4进1

③帅五退一　马3退5　　④炮二退五　象7进9

⑤相七退五　马5进3（和棋）

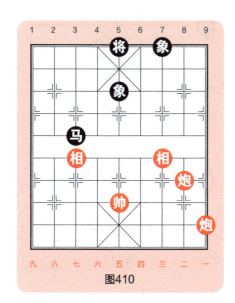

图410

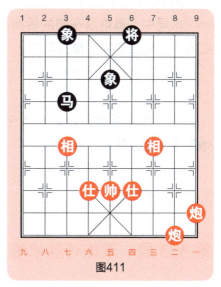

图411

第411局　双炮仕相全例胜马双象

如图411，红方先行。

本局中，红方双炮配合仕相全攻击黑方马双象具有针对性，红方可以取胜。

①炮一平七　马3进4

黑方如改走马3进5，则炮七进八，象5退3，炮二平四，将6平5，炮四平五捉死马，红方胜定。

②帅五退一　象3进1　　③炮二平五　象1进3

④炮七进四　象5进3　　⑤炮五平四　马4退6

⑥炮四进五（红方胜定）

第 412 局　双炮例和单炮

如图 412，红方先行。

本局中，黑炮放在将的后面，红方双炮无仕助攻，难以取胜。

① 炮五平四　炮 1 平 6
② 炮四平二

红方如果兑炮，以后单炮无炮架子，也是和棋。

②……　　　将 6 进 1

（和棋）

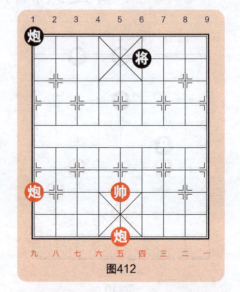

图412

第 413 局　双炮巧胜单炮

如图 413，红方先行。

本局中，黑方炮在将前位置不佳，红方有巧胜的机会。

① 帅六平五　炮 5 进 4
② 炮一退六　将 5 平 6
③ 炮二退五　炮 5 平 7
④ 炮二平三

红方拦炮好棋，如直接走炮二平四，则炮 7 进 3，红方取胜过程繁琐。

④……　　　炮 7 平 5
⑤ 炮一平四　炮 5 退 2
⑥ 炮三平四　将 6 平 5

黑炮必失，红方胜定。

图413

⑦ 前炮平五

第414局 双炮仕例胜单炮

如图414，红方先行。

本局中，红方有仕助攻，即使黑方走到最佳防守位置也难以守和。

① 炮二退六　将5进1
② 炮一退五

"残棋炮归家"，红方双炮分别在己方的下二路线和底线可以借助仕、帅的助攻作用，发挥出最大的威力。

② ……　　炮5平8
③ 仕四退五　将5退1
④ 炮二平五　将5平6　　⑤ 帅六平五　炮8进6

黑方如改走炮8进7，则炮一平四，红方可以利用重炮杀势获胜；又如炮8进8，则炮五平四，红方可以利用白脸将杀法的威胁白吃黑炮而获胜。

⑥ 炮一平四（红方胜定）

第415局 双炮相例和单炮

如图415，红方先行。

① 炮一平四　将5进1
② 相三退五　炮5平4

此时黑方如走炮5平7仍是和棋。但黑方也有两种常见的错误应法，一是炮5进7，则炮二平五，炮5平8，炮四平五，将

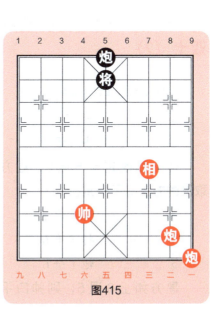

5平6，帅六平五，红方夺得中路必胜；二是炮5平6，则炮二平五，将5平6，炮四进九得炮，红方胜定。

③炮二平五　将5平6　④相五进三　炮4平5

黑方不给红方帅六平五的机会，守和的关键。

⑤帅六退一　炮5进1（和棋）

第416局　双炮仕例胜炮双士（1）

如图416，红方先行。

①炮四平六　将4平5

②炮九平二　炮1平8

③炮二进二　炮8退1

④炮二进一　炮8平7

⑤炮二进二　炮7退1

⑥帅五退一　（红胜）

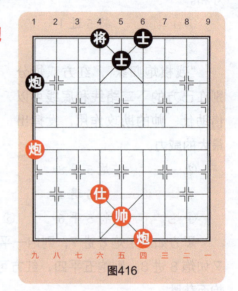

图416

第417局　双炮仕例胜炮双士（2）

如图417，红方先行。

①炮四平六　将4平5

②炮九平五　士5退4

黑方如改走士5退6，红方取胜的方法见下一局。

③帅五平四　炮1退1

④炮六平五　将5平6

⑤后炮平四　炮1平6

黑方如士6退5，则帅四平

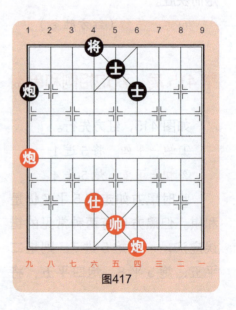

图417

五，绝杀。

⑥炮五平四

兑炮以后形成炮单仕例胜双士残局，红方胜定。

第418局　双炮仕例胜炮双士（3）

如图418，红方先行。

①炮六平四　炮1退1

②帅五平六

红方准备仕六退五露帅的同时发挥仕、帅两子的助攻作用。

②……　　炮1平4

③仕六退五　炮4进1

④炮四平五

红方准备下一着仕五进四，把黑将赶至4路线。

④……　　炮4退1

黑方如改走将5进1，则前炮平四，黑方丢士。

⑤仕五进四　将5平4

⑥后炮平六

兑炮以后形成炮仕例胜双士残局。

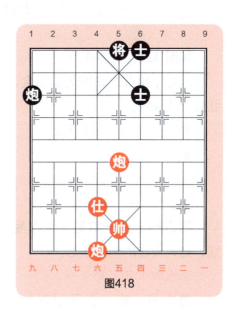

图418

第419局　双炮双仕例胜炮双士

如图419，红方先行。

本局红方是双仕，取胜要更

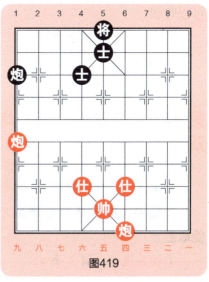

图419

简明一些。

① 炮九退三　炮1进2　　② 炮九平六　炮1平5
③ 炮四平五　炮5平3　　④ 炮六进六

破士后,红方胜定。

第420局　双炮相例和炮双士

如图420,红方先行。

黑方不给红方白吃炮的机会,红方无法取胜。

① 炮九平四　炮1退1
② 相三退五　炮1平2
③ 炮五平四　将6平5
④ 前炮平五　士5退6

黑方一士在士角另一士在底线,这是最佳的防守棋形。

⑤ 炮四平五　将5平4

黑方将、炮、士互相保护,可以守和。

⑥ 帅六平五　炮2平4

（和棋）

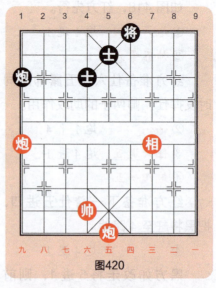

图420

第421局　双炮相巧胜炮双士

如图421,红方先行。

本局中,红方要白吃黑炮才能取胜。

① 相五退三　将5平4

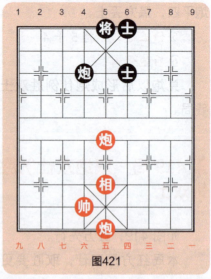

图421

② 后炮平六　士6进5　③ 炮五进二　炮4退1
④ 炮六进八　士5进4　⑤ 炮六平一（红方胜定）

第422局　双炮仕相全例和炮双象

如图422，红方先行。

本局中黑方炮在将前，随时兑炮，红方有两种攻法，均无法取胜。

攻法一：

① 炮一平四　炮1平6
② 炮七平四　炮6平5
③ 帅五平六　将6平5
④ 仕六退五　炮5平2
（和棋）

攻法二：

① 炮七平五　炮1平6
② 炮一平六　象3进1
③ 帅五退一　象5进3
⑤ 仕四退五　炮6退1

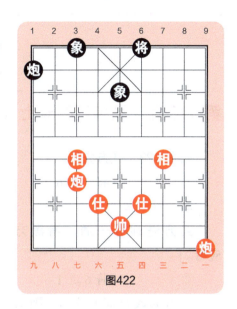

图422

④ 炮六进一　将6平5
⑥ 相三退五　炮6进1（和棋）

十一、马炮类残局

第 423 局　马炮例胜双士（1）

图423

如图 423，红方先行。

① 马五进四　将 5 平 6
② 帅四平五

红方进帅等一着，看黑方应着。

②……　　　将 6 进 1

黑方如改走将 6 平 5，则马四进六，得士胜定。

③ 炮二平四　士 5 进 6
④ 马四进六（红胜）

第 424 局　马炮例胜双士（2）

如图 424，红方先行。

① 帅四平五　士 5 进 6　　② 马五进四　士 6 退 5
③ 炮二平六　将 4 进 1　　④ 帅五退一　士 5 退 4
⑤ 马四退六（红胜）

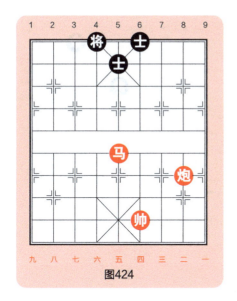
图424

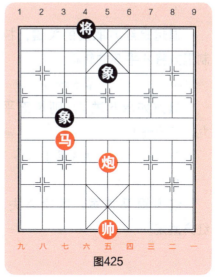
图425

第425局　马炮例胜双象（1）

如图425，红方先行。

① 马七进五　象5退3

黑方如改走将4进1，则炮五进四，象3退5，马五进七，捉死黑象，转换成单马例胜单将残局，红方胜定。

② 马五进六　将4进1　　③ 马六退七

得象后，红方胜定。

第426局　马炮例胜双象（2）

如图426，红方先行。

① 马七进五　象5退3

黑方如将4进1，则红方炮五进四，象7进5，马五进七，抽吃黑方孤象，红方胜定。

② 马五进七　象3进5　　③ 马七进八　将4进1

④炮五退一

退炮是红方取胜的关键，控制黑方将4平5的转移。

④……　　象5进3

黑方如象5进7，则炮五平九，红方速胜。

⑤炮五平九　　象3退1
⑥马八退七

红方退马将军，黑象必失，红方胜定。

图426

第427局　马炮例胜单缺士

如图427，红方先行。

①马七进六　　象7进9
②炮五平六　　将4平5
③马六进七　　将5进1
④炮六平八　　将5平6
⑤炮八进五

红方进炮正着，如误走马七退五，则象9进7捉死马，和棋。

⑤……　　士6进5
⑥马七退五

借将军抽吃黑象，红方胜定。

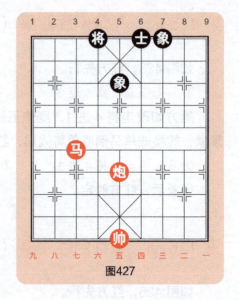
图427

第428局　马炮例胜单缺象

如图428，红方先行。

①炮五平六　　象7进5　　②马七进八　　将4平5

③马八进七　将5平4　　④马七退五

得象后，红方胜定。

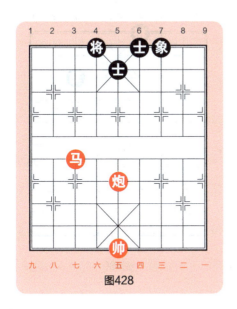

图428

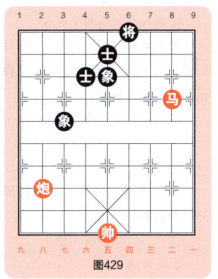

图429

第429局　马炮例胜士象全

如图429，红方先行。

本局中，红方可以采用各个击破的战法，破坏士、象的防御，从而获胜。

①炮八平四　将6平5　　②帅五平四　象5退3

黑方如改走象5退7，则炮四平五，士5退6，马二进四，将5进1，马四进三，红胜。

③炮四平六

红方平炮控制黑将转移。

③……　　　士5退6　　④马二进三　将5进1

⑤马三退四　将5退1　　⑥马四进六

红方可以连续抽得对方一士一象，胜定。

第430局　马炮例胜单马

如图430，红方先行。

① 炮八平六　马7进5

黑方如改走马7退5，则马二退四，将4平5，马四进三捉死黑马，红方胜定。

② 马二退四　马5进6

③ 马四退六　马6进4

④ 炮六进一

红方进炮挤住黑马，迫使黑方只能动将。

④……　　将4进1

⑤ 马六进七

双将杀，红胜。

图430

第431局　马炮单仕例胜马单士

如图431，红方先行。

① 马二进四

红方进马是先弃后取的好棋。

①……　　士5进6

② 炮八平六　马6退4

③ 炮六进六（红方胜定）

图431

第432局　马炮单仕相例胜马双士

如图432，红方先行。
① 仕六退五　马5进4
② 马七退五　将4平5
③ 马五进三　将5平4
④ 炮六进一　士5进6
⑤ 马三退四　士6退5
⑥ 马四进五

得士后，红方胜定。

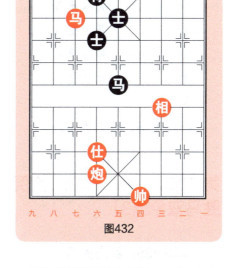

图432

第433局　马炮单缺仕例胜马双象（1）

如图433，红方先行。

马双象的防御力稍强于马双士，因此红方马、炮需在有仕、相辅佐的情况下，才能稳操胜券。

① 相五进七

红方不给黑方回中将的机会。

①……　　　马7进5

黑方另有两种走法：（1）象5进3，马一进三，将6平5，马三退五，象3退5，马五退四，马7进5，马四进三，捉死黑马，红方胜定；（2）象5退7，炮五平三，红方捉双，胜定。

② 马一进三　将6平5　③ 炮五进一　象3进1
④ 炮五进六　马5进3　⑤ 炮五退七

得象后，红方胜定。

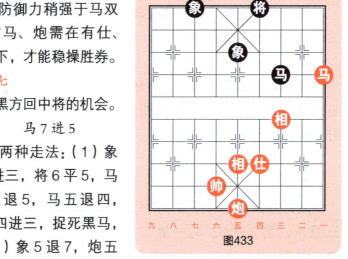

图433

第434局 马炮单缺仕例胜马双象（2）

如图434，红方先行。

① 马五进六　将6平5
② 马六退四　马7退6
③ 马四退五　将5平6
④ 炮五平四　象3进5
⑤ 马五进三

捉死黑马，红方胜定。

图434

第435局 马炮单缺仕例胜马双象（3）

如图435，红方先行。

① 帅六退一

红方退帅等着，目的是看黑方子力动向确定进攻方向。

①……　　　将5进1

黑方如改走象7进5，则马五进三，象3进1，炮五进四，红方得象胜定。

② 马五进三　马5退6
③ 炮五平四　将5进1

黑方如改走将5平6，则马三退一，象7进9，马一进二，象9退7，马二进三，下一步再炮四进七，红方得马胜定。

④ 马三进四　将5退1
⑥ 马四退六（红方胜定）

图435

⑤ 炮四进七　将5平6

第436局 马炮仕相全例胜马单缺象（1）

如图436，红方先行。

① 马五进三 象5退7

黑方如改走象5退3，则仕六进五，象3进5，马五进三，象5退3，帅四退一，马7进9，马三退五，士5进6，马五进四，得士红胜。

② 仕五退六 士5进6
③ 马三进二 将5进1
④ 仕六进五

红方支仕正着，如直接炮五平三，则象7进5，红方取胜过程繁琐。

④ ……   将5平6 ⑤ 炮五平三 马7进5
⑥ 炮三进九

得象后，红方胜定。

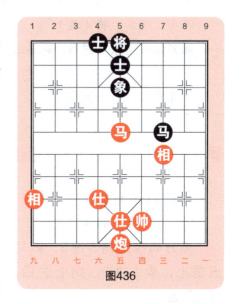

图436

第437局 马炮仕相全例胜马单缺象（2）

如图437，红方先行。

① 炮一平七 象3进5

黑方如改走象3进1，红方同样可以取胜，具体方法见下局。

② 炮七平六 将4进1

黑方如改走将4平5，则马四进三，将5平4，马三退五抽

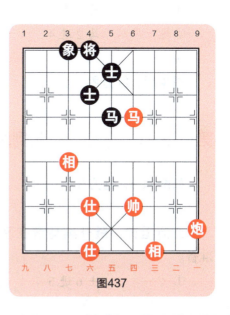

图437

象，红方胜定。

③仕六退五　马5进4　④马四进三　象5退7

⑤马三退二　将4退1

黑方如改走象7进5，则马二退四捉双，红方胜定。

⑥马二退四

捉死黑马，红方胜定。

第438局　马炮仕相全例胜马单缺象（3）

如图438，红方先行。

①马四退五　将4平5

黑方如改走马5进3，则马五进七，象1进3，炮七进四，红方胜定。

②马五进六　马5退4

黑方如改走士5退6，红方取胜方法见下局。

③马六退八　马4退2

④炮七平八　马2进4

⑤马八进九

得象后，红方胜定。

图438

第439局　马炮仕相全例胜马单缺象（4）

如图439，红方先行。

①帅四退一

红方退帅，避开黑马潜在骚扰的同时，为以后开放二路线做准备。

①……　　　士6进5　②马六进八　士5进6

黑方如改走象1进3，则马八退七，马5进3，炮七进四，形成炮仕相全例胜双士残局。

③ 马八进九　将5平6

④ 马九退七　象1进3

⑤ 帅四退一

红方再退帅为二路炮留出空间。

⑤ ……　　　将6进1

黑方如士4退5，则炮七平四，马5退6，帅四平五，以后红马转到右翼捉死黑马，红方胜定。

⑥ 马七退八　象3退5　⑦ 马八进六

得士后，红方胜定。

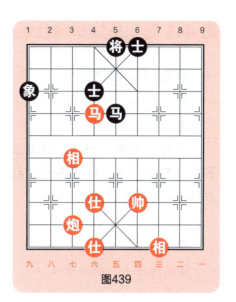

图439

第440局　马炮仕相全例胜马单缺士

如图440，红方先行。

① 马五进六　士4进5

② 马六进七　将5平6

③ 仕六退五　马3进4

黑方如改走将6进1，则马七退五白吃中象，红方胜定。

④ 仕五进四　士5进6

⑤ 炮四进六

得士后，红方胜定。

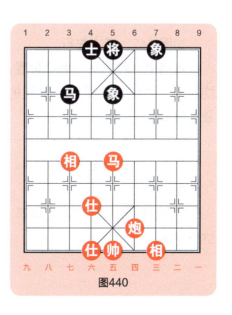

图440

第441局　马炮单缺仕例胜马单缺士

如图441，红方先行。

① 马一进二　　士5进4
② 马二进三　　将5平4

黑方改走将5进1，则炮五平六，将5平4，马三进五，红方与主变取胜思路相同。

③ 炮五平六　　将4进1
④ 马三进五　　将4平5
⑤ 马五退七　　将5平4
⑥ 马七退八

破士后，红方胜定。

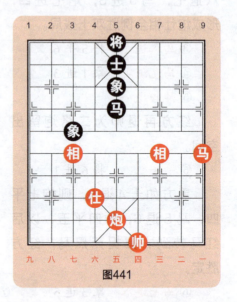

图441

第442局　马炮仕相全例胜马士象全（1）

如图442，红方先行。

本局中，红方马在卧槽位置，炮在下二路线，这是红方取胜的最佳棋形。

① 仕五进四　　马8退6
② 马三退一　　士5进6
③ 仕四退五

下一着马一退三捉死黑马，红方胜定。

图442

第 443 局　马炮仕相全例胜马士象全（2）

如图443，红方先行。

① 马三退四　马7退6

黑方如改走将6平5，则仕五进四，将5平6，马四进二，马7退6，马二进三，红方得象胜定。

② 马四进六　马6退4

③ 马六退四　士5进6

黑方如将6平5，则马四进三，将5平6，马三退二，马4进5，仕五进四，马5退6，马二进一，下一着马一退三将军，红方得马胜定。

④ 马四进二　将6平5　⑤ 马二进三

得象后，红方胜定。

图443

第 444 局　马炮仕相全例胜马士象全（3）

如图444，红方先行。

① 马五进六　士5进4

② 相五进三

红方飞相以后伏有仕五退六，马5进6，马六进八，将4平5，炮六平五，象5进7，马八进七捉死士的手段。

②……　　马5进6

黑方如改走象5进7，则马

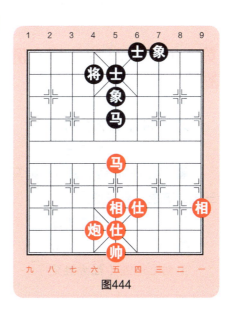

图444

六进八，将4平5，马八进七抽吃黑士，红方胜定。

③马六退五　士4退5

黑方如将4平5，则马五进四，抽吃士。

④马五退六　士5进4　　⑤马六进七　将4平5

⑥马七进八

黑士被捉死，红方胜定。

第445局　马炮仕相全例胜马士象全（4）

如图445，红方先行。

①马五进六　将4平5

②马六进七　将5平4

③仕五进六　马5退4

④相五进三　象7进5

⑤马七进九　象3退1

⑥马九退八（红方胜定）

图445

第446局　马炮仕相全例胜马士象全（5）

如图446，红方先行。

①帅五进一　将5进1

黑方如改走马7进5，则马三进五破象，红方胜定。

②帅五平六　马7进5

③炮九平六　马5进6

④相七退五（红方胜定）

图446

第447局　马炮例胜炮单士

如图447，红方先行。

① 马二进三　炮6平4

黑方如炮6平9，则马三进二，红方破士胜定。

② 马三进五　士6退5

黑方如改走炮4平5，则炮五进四，兑炮后成单马例胜单士局面，红方胜定。

③ 马五退七　将5平4　④ 马七进八（红胜）

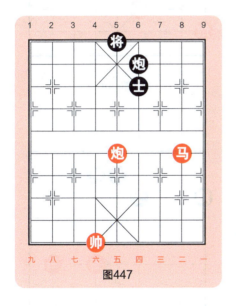

图447

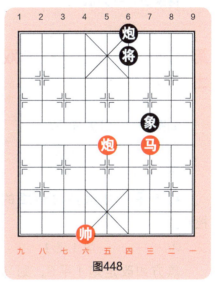

图448

第448局　马炮例胜炮单象（1）

如图448，红方先行。

① 马三进一　将6平5　② 马一进二　象7退9
③ 马二退四　将5退1　④ 马四进三　将5进1
⑤ 马三退一

得象后，红方胜定。

第449局　马炮例胜炮单象（2）

如图449，红方先行。

① 炮九平一　象9进7
② 马一进二　炮6平8
③ 马二进三　炮8平6
④ 炮一进八　炮6退3
⑤ 马三退二　将5进1
⑥ 马二退三

得象后，红方胜定。

图449

第450局　马炮例胜炮双士（1）

如图450，红方先行。

① 马二进四　士5进6
② 帅六平五

红方平中帅保持对中路的控制。

③ ……　　　炮1退1

黑方如改走炮1平3，则马四退六，下一着再马六进五抽吃黑炮，红方胜定。

③ 马四进二　士6退5
④ 马二退三　将6退1
⑤ 马三进四　将6平5
⑥ 马四进六

破士后，红方胜定。

图450

第451局　马炮例胜炮双士（2）

如图451，红方先行。

① 马三退五　将6退1
② 炮九进五　士5进4
③ 马五进六　将6平5
④ 马六进八　将5退1

黑方如改走将5进1，则马八进六，连破双士，红方胜定。

⑤ 炮九进一　将5进1

黑方如改走士4进5，则马八进六绝杀。

⑥ 炮九平四（红方胜定）

图451

第452局　马炮例胜炮双士（3）

如图452，红方先行。

① 马五进四　将4平5
② 马四退六　将5平4

黑方如改走将5退1，则炮一进一，士6进5，马六进七，红胜；又如改走将5进1，则炮一进一，将5平4，马六进八捉炮，红方可破士胜定。

③ 帅四平五　炮3进6
④ 炮一退四　士4进5
⑤ 炮一平六　士5进4
⑥ 马六进八（红胜）

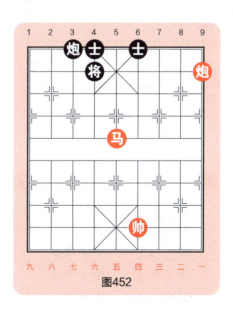

图452

第453局　马炮例胜炮双士（4）

如图453，红方先行。

① 炮九平三　炮7进2　② 帅四平五　炮7进2

黑方如改走士5退6，则马七进八，将4退1，炮三平九，下一着炮九进五绝杀。

③ 炮三平六　炮7平3　④ 马七进五　炮3退1

⑤ 马五退六　炮3平4　⑥ 炮六进三

得炮后，红方胜定。

图453

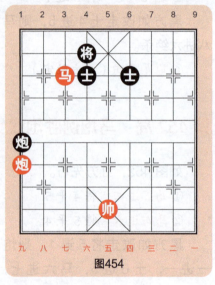

图454

第454局　马炮例胜炮双士（5）

如图454，红方先行。

① 炮九平六　士4退5　② 炮六进一　炮1退5

③ 马七退八　炮1平5　④ 帅五平六　炮5平6

⑤ 马八进六　士5进4　⑥ 马六进四

破士后，红方胜定。

第455局　马炮双仕例胜炮双士

如图455，红方先行。

红方避免兑子，主帅占中助战，用马逼将入宫，再用炮闷宫杀。

① 马六进七　将4平5　② 炮九平三　炮4平7
③ 炮三进五　炮7退1　④ 炮三进一　炮7退1
⑤ 炮三进一　炮7平8　⑥ 炮三进一（红胜）

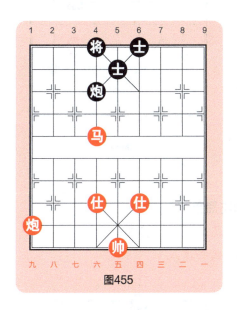
图455

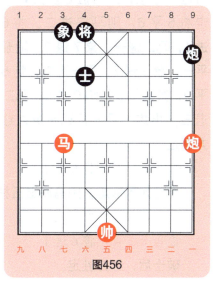
图456

第456局　马炮例胜炮单士象（1）

如图456，红方先行。

① 马七进八　将4进1

黑方如改走士4退5，则炮一平六，将4平5，马八进六，将5平6，马六进七，得象后，红方胜定。

② 炮一平六　士4退5　③ 马八退六　士5进4
④ 马六进七　士4退5　⑤ 马七进五（红胜）

第457局　马炮例胜炮单士象（2）

如图457，红方先行。红方可以采用各个击破办法，获得胜利。

① 炮三平五　炮5平4

黑方如士4进5，则马三进二，炮5进1，马二退四，再马四退三破象，红方胜定。又如改走将5平6，则马三进二，将6进1，马二退一，象7退9，炮五平一，象9退7，马一进二，炮5平9，帅六平五！炮9进3，马二退三，再炮一平三捉死黑象，红方胜定。

图457

② 马三进四　将5进1

黑方如果逃炮，则马四退五抽吃黑象。

③ 马四退五　象7退5　　④ 马五进七　将5平6

⑤ 马七进六　将6进1　　⑥ 马六退八

破士后，红方胜定。

第458局　马炮例和炮双象（1）

如图458，红方先行。

① 马五进六　将4进1
② 马六退八　将4退1
③ 马八退六　炮7平6
④ 马六进七　炮6平3
⑤ 炮五平七

图458

红方如改走炮五进三，则将4进1，红炮没有炮架可以助攻，和棋。

⑤……　　　象5进3　　⑥帅四平五　象7退5（和棋）

第459局　马炮例和炮双象（2）

如图459，红方先行。

① 马五进七　将4退1

② 马七进八　将4进1

③ 炮五平九　将4平5

④ 炮九进五　将5退1

⑤ 炮九退六　将5进1

⑥ 帅四平五　炮2平3

（和棋）

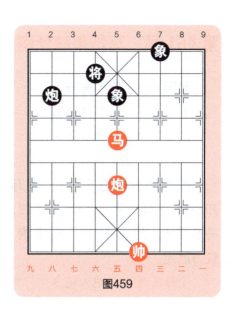

图459

第460局　马炮单缺仕例胜炮双象（1）

如图460，红方先行。

红方马、炮有仕、相助战，攻击能力大增。

① 仕六退五　将6退1

② 仕五进四　将6进1

③ 马四退二　炮6进4

④ 马二进三　象7退5

黑方如改走炮6退4，则仕四退五，炮6平5，炮三平四，象9退7，马三退四，将6平5，以后红方马四进六，再马六进四抽吃黑象。

图460

⑤马三进二　象9退7　⑥炮三进八

得象后，红方胜定。

第461局　马炮单缺仕例胜炮双象（2）

如图461，红方先行。

①炮六平五　将5平6
②帅四平五　炮9平5
③炮五平四　将6平5

黑方如改走炮5平6，则马四进二，炮6平5，仕五进四，将6平5，炮四平五，打死炮，红方胜定。

④仕五进四　炮5退3
⑤炮四平五

捉死黑炮，红方胜定。

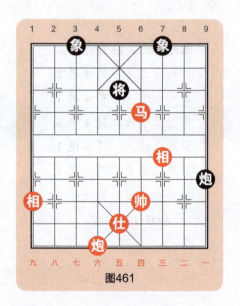

图461

第462局　马炮仕相全例胜炮单缺士

如图462，红方先行。

①马五进三　将5平6
②马三进二　炮6平7
③炮五退三　士5进6
④炮五平四　将6进1
⑤帅六平五

黑方各子已均不可动，动则丢士或丢象，红方胜定。

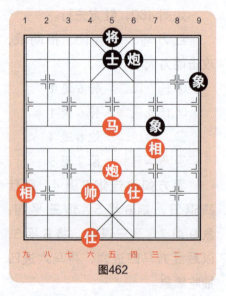

图462

第 463 局　马炮单缺仕例胜炮单缺士

如图 463，红方先行。

① 炮二退一　　象 5 进 3

② 仕五进四

红方帅、仕各占一条肋线，充分发挥帅、仕的助攻作用。

②……　　　　炮 8 进 5

③ 炮二平四　　炮 8 平 7

④ 马三退四　　将 5 退 1

⑤ 马四退五

捉双，红方胜定。

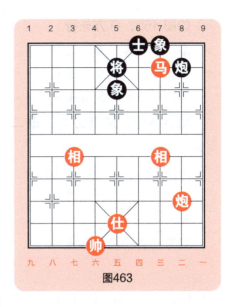

图463

第 464 局　马炮单缺仕例胜炮单缺象

如图 464，红方先行。

① 马四进二　　将 5 平 4

黑方如改走炮 1 退 1，则马二进四，将 5 平 4，炮四平六，炮 1 平 4，马四进六，红方胜定。

② 炮四平六　　将 4 平 5

③ 马二进三　　将 5 平 6

④ 炮六平四　　炮 1 进 7

⑤ 帅五进一

红方接下来有退马照将，马四进六破士的棋，胜定。

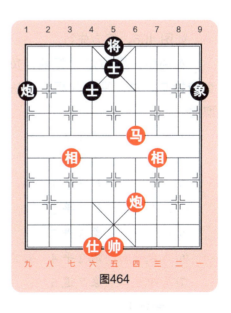

图464

第 465 局　马炮仕相全例胜炮单缺象

如图 465，红方先行。

① 马四进六　象 5 进 7
② 炮七平三　象 7 退 9
③ 马六进四　炮 6 平 8

黑方平炮，防红方马四退二捉象。

④ 马四进三　将 6 进 1
⑤ 炮三平四　士 5 进 6
⑥ 马三退二

红方必得一士，胜定。

图465

第 466 局　马炮仕相全例和炮士象全（1）

如图 466，红方先行。

本局中，黑方炮立将前，负责掩护与拦兑，马炮仕相全无法取胜。

① 炮九平六　将 5 平 4
② 炮六平二　炮 4 进 1
③ 炮二进八　炮 4 退 1
④ 马七退八　炮 4 平 2
⑤ 马八退六　象 5 进 7
⑥ 马六进四　炮 2 平 4
⑦ 马四进二　象 7 退 5

（和棋）

图466

第467局　马炮仕相全例和炮士象全（2）

如图467，红方先行。

① 马五进四　炮6进1　② 相七退九　象7退9
③ 马四退六　象9退7　④ 马六进八　将6平5
⑤ 炮五平二　炮6平8　⑥ 帅五平四　将5平6（和棋）

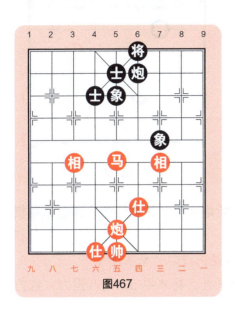
图467

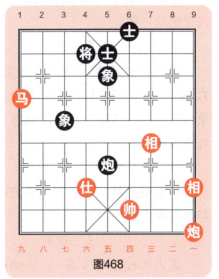
图468

第468局　马炮单缺仕巧胜炮士象全（1）

如图468，红方先行。

① 马九进八　士5进6

黑方如改走炮5平4，则炮一平九，炮4平1，炮九平六，士5进4，马八退六，红方得士胜定；又如改走士5进4，红方取胜方法见下局。

② 炮一平六　将4平5　③ 炮六平四　将5平6
④ 马八进六　将6平5　⑤ 炮四进七

得士后，红方胜定。

第469局 马炮单缺仕巧胜炮士象全（2）

如图469，红方先行。

① 炮一平六　士6进5
② 仕六退五　炮5平4
③ 炮六进二

红炮要转到黑炮的前面，避开黑炮的拦截。

③ ……　　　象5进7

图469

黑方如改走炮4退1，则炮六进一，炮4退1，炮六平九，象3退1，马八退七，抽吃黑象，红方胜定。

④ 炮六平七

这是很关键的一着棋，黑方不能炮4平3拦截红炮，通过这着棋红炮摆脱黑炮的拦截。

④ ……　　　士5进6　　　⑤ 炮七进二　象3退5

黑方如改走炮4退1，则炮七平九，将4平5，马八退六，红方得士胜定。

⑥ 炮七平九　将4平5
⑦ 马八退六

得士后，红方胜定。

第470局 马炮单缺仕巧胜炮士象全（3）

如图470，红方先行。

① 马七进五　象5退3
② 帅五平四　象3进5

图470

③马五进四　将5平6　　④帅四平五　士6进5
⑤炮六平四　士5进6　　⑥马四进六

得士后，红方胜定。

第471局　马炮仕相全巧胜炮士象全（1）

如图471，红方先行。

①马一进二　将6平5　　②炮一平五　象5退3

黑方如改走士4进5，则马二退四，红方接下来再利用马后炮杀法获胜。

③马二退四　将5进1　　④马四退三

得象后，红方胜定。

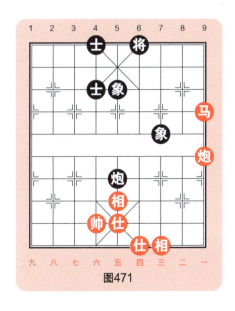

图471

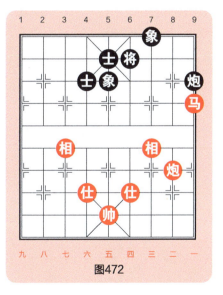

图472

第472局　马炮仕相全巧胜炮士象全（2）

如图472，红方先行。

①马一进三　炮9平8　　②炮二平四　士5退4

③马三退四　炮8平6　　④马四进六

红方如误走马四进五,则将6平5,红方被捉死,和棋。

④……　　　炮6平7

黑方如改走炮6平9,则炮四平三,将6退1,马六进四,炮9退1,马四进二,将6平5,炮三进六吃象,红方胜定。

⑤炮四平六　士4进5　　⑥马六退四

捉死马,红方胜定。

十二、车马类残局

第473局　车马例胜马双士

如图473，红方先行。

单车即可战胜马双士，红方增加一个进攻子力后取胜的方法更为简单。除用马换单士这种方法以外，红方还可以利用定位控制法取胜。

① 帅六平五

红方进帅控制局面，黑方仅有一马可动。

① ……　　　马4进3
② 车五平八　马3退4
③ 车八进五　马4退3
④ 车八平七（绝杀，红胜）

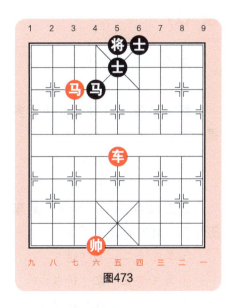

图473

第474局　车马例胜马双象（1）

如图474，红方先行。

① 马三进五　将5平4

黑方如改走将5平6，则车五平四，将6平5，马五进四，将5平6，马四退三，抽吃黑象，红方胜定。

② 马五进四　将4进1
③ 车五平六　将4平5
④ 马四进二　将5退1
⑤ 车六进四（黑方困毙）

图474

第475局　车马例胜马双象（2）

如图475，红方先行。

① 马三进二

红方准备马二进三交换后多得一象。

①　……　　　将5平6
② 马二进三　马5进7

黑方如改走马5退7，则车五平四，红方有连杀手段。

③ 车五进二　马7退5
④ 马三退五　象7进5
⑤ 车五进一（红方胜定）

图475

第476局　车马例胜马单缺士

如图476，红方先行。

① 马三进四　马4进3　　② 车五退一　马3退4
③ 马四进二　马4退3

黑方如改走将5平4，则马二进三，象5退7，车五进五，形成单车例胜马单象残局，红方胜定。

④车五平三　象7进9

黑方如改走马3进4，则马二进三白吃底象。

⑤车三进四　象5进3　　⑥车三平七

红方捉双，胜定。

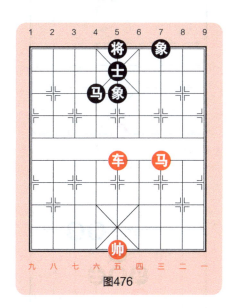
图476

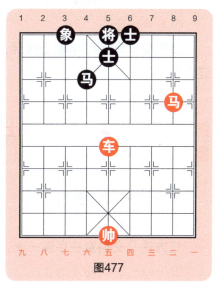
图477

第477局　车马例胜马单缺象

如图477，红方先行。

①马二进三　将5平4

黑方如改走马4退6，则车五平四捉死黑马，红方胜定。

②帅五平六　象3进1

黑方如改走将4进1，红方车五平九，接下来再车九进五捉死黑象，红方胜定。

③车五平九　象1退3　　④车九进五

黑象被捉死，红方胜定。

第 478 局　车马例胜马士象全（1）

如图 478，红方先行。

① 车四平六　象 5 退 3
② 马七退八　象 7 进 5
③ 马八进六　士 5 进 4
④ 车六进一　将 4 平 5
⑤ 车六进一

转换成单车例胜单缺士残局，红方胜定。

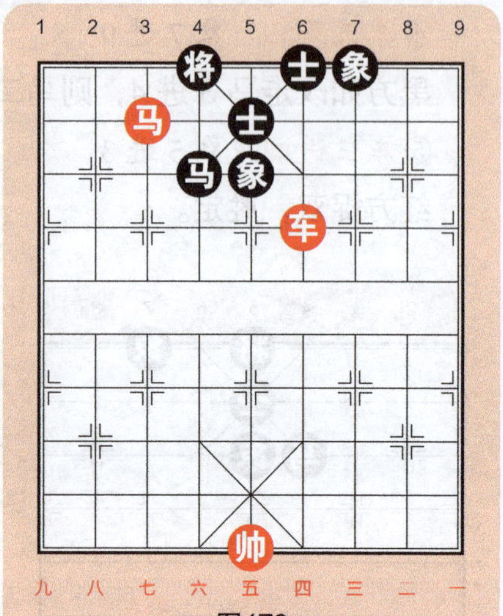

第 479 局　车马例胜马士象全（2）

如图 479，红方先行。

① 马六进五

红方进马交换意在多谋一士。

①……　　　马 4 退 2

黑方如改走马 4 退 3，则车六进二，象 7 进 9，车六平七压住黑马后，红方接下来连进 4 步马，走马五退七，马七进六，马六进八，马八进六白吃黑马，胜定。

② 车六进二　马 2 进 1
③ 车六平九　马 1 退 3
④ 车九进一　马 3 退 4

红方白吃一士，胜定。

⑤ 马五进四

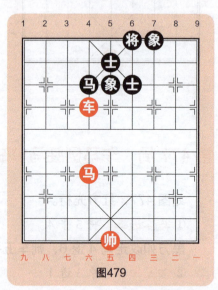

图478

图479

第480局　车马例胜炮双士（1）

如图480，红方先行。

① 车五平六

红方平车牵制黑炮，取胜的关键。

① ……　　炮4退1
② 马三进二　炮4进1
③ 马二进四　炮4进1

黑方无子可动，只好弃炮。

④ 车六进二　士5进4
⑤ 车六进一

绝杀，红胜。

图480

第481局　车马例胜炮双士（2）

如图481，红方先行。

① 车五进三

红方进车控制黑炮与羊角士，简明。

① ……　　将5平6
② 马三进五　炮4退2

黑方如将6进1，则马五进六，士5进6，车五平六，红方胜定。

③ 马五进四

白吃黑士，红方胜定。

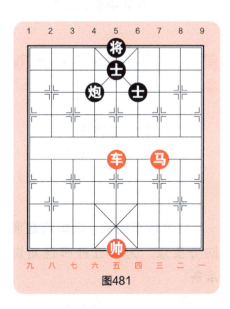

图481

第482局　车马例胜炮双象（1）

如图482，红方先行。

① 马三进五　炮7退3

② 马五进四　将5平6

黑方如将5进1则马四进三白吃底象，红方胜定；又如将5平4，则车五平六，炮7平4，车六进三，象7进9，车六平五，红方吃中象，胜定。

③ 车五平四　炮7平5

④ 帅五平六　炮5平1

黑方如改走象7进9，则马四进二，接下来再车四进五连杀。

⑤ 马四进三　将6平5　⑥ 车四平五

红方再捉死中象，胜定。

图482

第483局　车马例胜炮双象（2）

如图483，红方先行。

① 马三进五　炮3进2

② 车五平六　炮3平1

③ 车六进三

红方进车捉炮，把黑炮赶离防守要点，为马五进四挂角做准备。

③ ……　　　炮1进1

④ 车六进一　将5退1

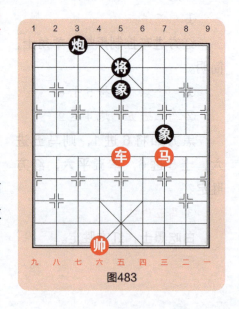

图483

⑤ 马五进四　将5平6　　⑥ 车六平五

以下红方可以通过马四进二叫将，抽吃黑炮，红方胜定。

第484局　车马例胜炮单缺士

如图484，红方先行。

本局中，红方取胜的方法有多种，最简单的就是用马换炮或用马换象，形成单车例胜残局。

① 马五进七　士5进6

黑方如改走炮4平3，则车二平五，将5平6，马七进五！红马换黑象，形成单车例胜炮单士象残局，红方胜定。

② 马七进八　士6退5

③ 马八进六　士5退4

④ 车二进五　将5进1

⑤ 车二平六（红方胜定）

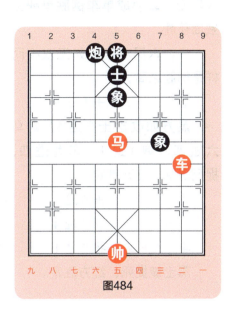

图484

第485局　车马例胜炮单缺象

如图485，红方先行。

本局中，红方取胜的方法同样为用马换炮或用马换士（或白吃黑象），形成单车例胜残局。

① 马五进四　将5平4

② 马四进六　士5进4

③ 车二进三　士4退5

④ 车二平五（红方胜定）

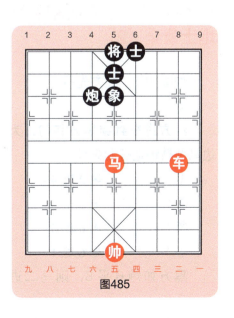

图485

第486局 车马双相例胜炮士象全（1）

如图486，红方先行。

本局中，红方用马换炮再谋取黑士，转换成单车例胜单缺士残局获胜。

注：本局中红方如无双相同样是例胜之局。

① 马六退五　士5进6

黑方如改走士5退4，则马六进四，炮4退1，车九进四，捉死黑炮，红方胜定。

② 马五进四　士6进5

③ 马四进六　士5进4

④ 车九进五　将5进1

黑士被捉死，红方胜定。

图486

⑤ 车九平四

第487局 车马双相例胜炮士象全（2）

如图487，红方先行。

① 车六进二

红方进车封锁黑方将门，为边马卧槽创造有利条件。

① ……　　炮2进4

② 马一进二　炮2平6

③ 车六退五　炮6退5

④ 车六平四　炮6进1

黑方如炮6平8，则马二进

图487

三，接下来再车四平六、车六进四，红方连杀。

⑤马二进四　士5进6　　⑥车四进四

破士后，红方胜定。

第488局　车马例胜双马双士（1）

如图488，红方先行。

本局中，红方用帅牵制黑马，以车马进攻。

① 车七退四　马5进6

黑方如将6退1，则车七平五白吃黑方中马。

② 车七进三　将4退1

③ 车七进一　将4进1

④ 马八进七（红胜）

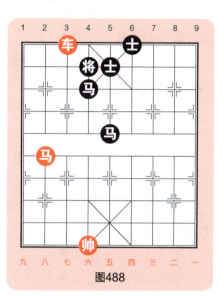

图488

第489局　车马例胜双马双士（2）

如图489，红方先行。

本局中，红方用车控制黑方双马，再各个击破，转换成单车例胜双士残局而获胜。

① 车五进二

进车控制黑方双马，红方取胜的关键。

①……　　　　将5平6

② 马八进六　士5进6

③ 马六进五　马7退5

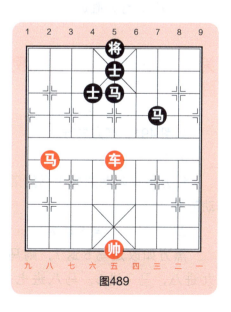

图489

④车五进一　士4退5　⑤帅五进一（红方胜定）

第490局　车马单仕相例胜双马双象（1）

如图490，红方先行。

①车四平六　象5退3

②马七进九

红马从边线切入，准备抢到马九进七的先手。

②……　　象3进5

③帅六平五

红方进帅牵制黑方中象，简明。

③……　　将5平6

黑方如改走将5进1，则马九进七，黑马必失。

④马九进七　马4退3

⑤车六平四　将6平5

图490

⑥车四平七

第491局　车马单仕相例胜双马双象（2）

如图491，红方先行。

①车八平四

红方平车限制黑方中马的活动范围。

①……　　马5进7

黑方如改走马5退7，则马九进八，马7进6，马八进七，

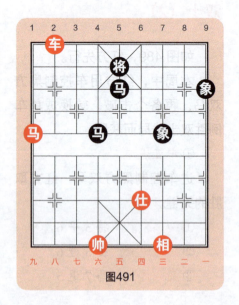

图491

将 5 进 1，车四平五，将 5 平 6，帅六平五，以后红方退车控制双马，再用马攻击受制黑马，即可获胜。

② 马九进八　马 7 退 5　　③ 马八进七　将 5 平 4

④ 车四平五

红方伏有马七退八，将 4 进 1，车五退一，马 5 进 6，马八进七的杀棋。

④ ……　　马 5 退 3　　⑤ 车五退一　将 4 退 1

⑥ 车五平七（红方胜定）

第 492 局　车马双相例胜双马单缺士

如图 492，红方先行。

本局中，红方针对黑方单士的弱点，先用马卧槽迫使黑方将、士分离，再用车谋士。把局面转换成车马例胜双马双象的残局。

① 马二进三　将 5 平 4

② 帅五平六

图492

红方牵制黑肋马为运车谋士做准备。

② ……　　马 3 进 2

③ 车五进三　马 2 进 3

④ 车五平八　象 5 退 3

⑤ 车八进二　象 7 进 5

⑥ 车八平五

得士后，红方胜定。

第 493 局　车马双相例胜双马单缺象

如图 493，红方先行。

① 马二进三　将 5 平 4
② 帅五平六　马 5 退 7
③ 车五平七　象 3 进 5

黑方如改走象 3 进 1，则车七进四，马 7 进 5，车七平九，红方得象胜定。

④ 车七进三　马 7 进 5
⑤ 车七平五　马 5 进 4
⑥ 马三退五

得象后，红方胜定。

图493

第 494 局　车马双相例和双马士象全

如图 494，红方先行。

本局中，黑方与上局比增加一象，红方难以取胜。

① 马二进三　将 5 平 4
② 帅五平六　马 5 退 3

黑方退马准备把中马调至边路，掩护底象。

③ 车五进三　马 3 退 1

这是黑方守和的最佳位置。

④ 车五平八　象 5 退 7
⑤ 车八进一　象 7 进 5
⑥ 车八平七　马 1 进 2

黑方进马正着，如改走马 1 退 2，则车七进一，黑方仍要走马 2

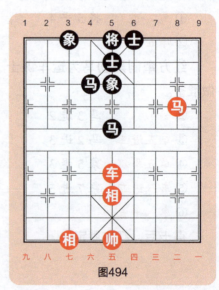

图494

进1捉车，车七退一，马1退2，车七进一，黑方两捉，红方两闲，红方可以利用规则取胜。

⑦ 车七退三　马2退1（和棋）

第495局　车马单仕相例胜双炮双士

如图495，红方先行。

① 马六退四

红方退马捉炮破坏黑方担子炮的防线。

① ……　　炮7平9

② 车三进三　将6退1

③ 马四进六

红方准备车三平五捉中士。

③ ……　　将6平5

④ 车三进一　士5退6

⑤ 马六进四　将5进1

⑥ 车三平四（红方胜定）

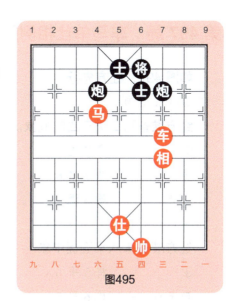

图495

第496局　车马单仕相例胜双炮双象

如图496，红方先行。

① 马七进八　炮4平3

② 车六进三

红方进车配合卧槽马打乱黑方防守阵形。

② ……　　炮9平6

黑方如改走炮3平2，则车

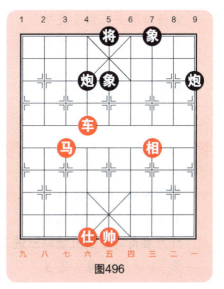

图496

六平九，将5平4，车九平四，将4平5，马八退六，捉死黑象，红方胜定。

③马八进七　炮6平7　　④车六平四　将5平4
⑤马七退五　将4平5　　⑥仕六进五

红方可顺利逃马，胜定。

第497局　车马单仕相例胜双炮单缺士（1）

如图497，红方先行。

①仕五退四

红方准备马二进三白吃底象。

①……　　　象7进9

②马二进一　炮7平6

③马一退三　炮6退1

④车八退四

红方准备车八平五捉中象。

④……　　　将5平6

⑤车八平一　炮6平5

⑥仕四进五　象5进7

⑦相三退五　炮5进1

⑧马三退二

黑象必失，红方胜定。

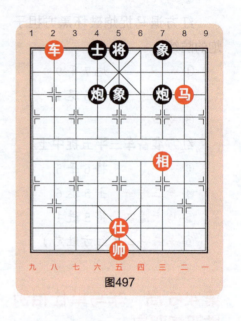

图497

第498局　车马单仕相例胜双炮单缺士（2）

如图498，红方先行。

①车八平六　炮3进3　　②马四退三

红方准备马三进五或马三进二谋士。

②……　　　象5进3

黑方如改走象5进7，则车六退二，炮3进1，马三进五，黑士必失，红方胜定。

③车六退二　炮3退1

④马三进五　炮5平7

黑方如改走将6进1，则马五进三，将6退1，车六进三，炮5退1，马三进二，将6进1，车六平五吃炮，红方胜定。

⑤马五进四

得士后，红方胜定。

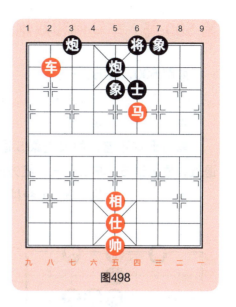

图498

第499局　车马例胜双炮单缺象

如图499，红方先行。

①马八进七　将5平6

②车五平二　后炮进1

③车二进三　后炮退1

黑方如改走象5退7，则马七退六，前炮进7，车二退二，后炮平9，车二平三捉双，红方可谋得黑象，胜定。

④马七退五　炮7平5

⑤车二平三　将6进1

⑥帅五平四

形成单车巧胜炮双士残局，红方胜定。

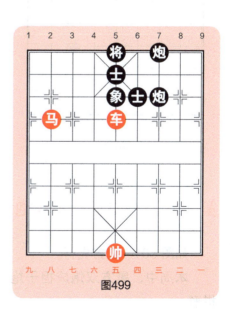

图499

第500局 车马例和双炮士象全（1）

如图500，红方先行。

① 马八进七　将5平6　　② 车五平二　后炮进1

③ 车二进三　炮7退1

黑方退炮正着，如改走象5退7，则马七退八，前炮进7，车二退五，象3进5，车二平三，红方同时捉双炮，胜定。

④ 车二退一　炮7进2（和棋）

图500

图501

第501局 车马例和双炮士象全（2）

如图501，红方先行。

本局中，黑方双炮成担子炮，且士象联络紧密，是守和的最佳棋形。

① 马八进七　将5平4　　② 车五平六　炮7退1

③ 马七退八　将4平5　　④ 车六平七　炮4平2

⑤ 车七平五　炮7进1（和棋）

第 502 局　车马仕例胜马炮双士

如图 502，红方先行。

本局中，红方用帅助战，以己马制对方的马，以车拴炮，使黑方无着可走。

注：红方无仕同样可以取胜。

① 马八进七　马 6 退 4
② 仕五退六　炮 6 进 2
③ 车三进三　炮 6 退 2
④ 帅五进一（红方胜定）

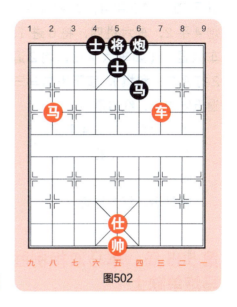

第 503 局　车马例胜马炮双象

如图 503，红方先行。

① 马八进七　将 5 进 1
② 车三进二　炮 6 进 1
③ 帅五平四　将 5 平 4
④ 车三平四　将 4 退 1
⑤ 车四进一　将 4 进 1
⑥ 车四平七（红方胜定）

第 504 局　车马仕相全例胜马炮单缺士

如图 504，红方先行。

① 马二进三　将 5 平 6　　② 车五平四　士 5 进 6
③ 仕四进五　炮 4 退 1

黑方如改走炮4平3，则帅五平四，炮3平4，车四平六，炮4平2，车六进四，将6进1，车六退一（如车六平三，炮2退2打死车，和棋），接下来再马三退五吃中象，红方胜定。

④车四平六　炮4平5
⑤车六进四　将6进1
⑥车六平三

得马后，红方胜定。

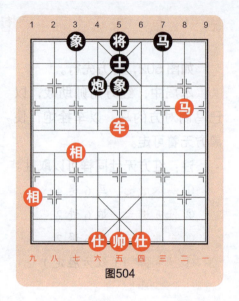

图504

第505局　车马双相例胜马炮单缺士

如图505，红方先行。

①马二进三　将5平4
②车五平六　马3进4

黑方如改走士5进4，车六平八，炮6平8，车八进三，炮8平7，车八平七！炮7进6，马三退四，红方得士胜定。

③帅五平六　炮6进4
④车六平九　炮6平4
⑤车九进三　士5进6
⑥马三退二

黑士被捉死，红方胜定。

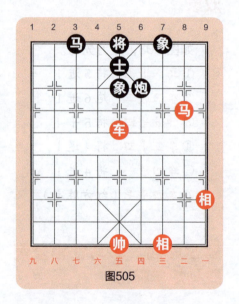

图505

第506局　车马双相例胜马炮单缺象

如图506，红方先行。

① 马七进八　将5平4　② 帅五平六　将4进1

③ 马八进九　炮6平5

黑方如改走马6进7，则车五平七，将4退1，马九进七，破象后胜定。

④ 车五平四　象3进1　⑤ 马九退七　炮5平6

⑥ 车四平八（红方胜定）

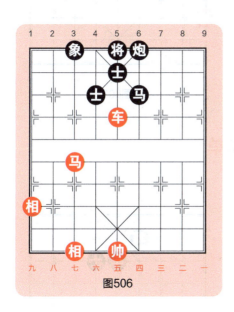
图506

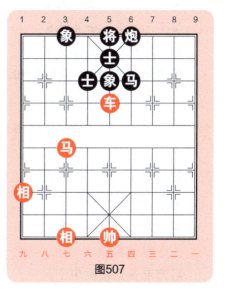
图507

第507局　车马双相例和马炮士象全（1）

如图507，红方先行。

① 马七进八　炮6平8　② 车五平一　将5平6

③ 车一进三　炮8平7　④ 帅五平四　将6平5

⑤ 马八进七　将5平4　⑥ 帅四平五　炮7平6（和棋）

第508局　车马双相例和马炮士象全（2）

如图508，红方先行。

本局中，黑方虽是边象，但子力协同防守严密，同样可以守和。

① 马七进八　将5平6
② 车五平三　象3进5
③ 马八进七　象1退3
④ 帅五平四　士5进4
⑤ 车三平二　士4退5
⑥ 车二进三　士5进4

黑方用士走闲着，可以守和。

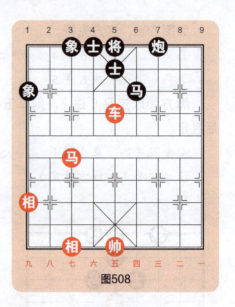

图508

第509局　车马双相例胜车单士（1）

如图509，红方先行。

① 马三进二　士6退5
② 车四退三　车5平4
③ 车四平五

红方准备扬相捉中士。

③ ……　　　车4进7
④ 帅五进一　车4退7
⑤ 相五进七　士5进6

黑方如改走士5退6，则马二进三，接下来再马三进五控制黑车回防的位置，以后可以通过马五退四、车五进一、车五进二等连续手段得子获胜。

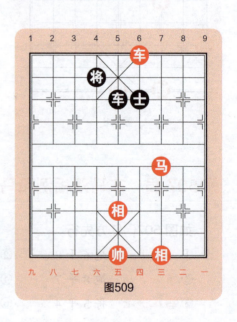

图509

⑥马二进一

红方接下来马一进三捉死黑士。

注1：本局双相或双士都是起到遮挡作用，减少黑车的牵制力。如果红方无仕相则黑方有机会守和，又如是单仕或单相则黑方有机会白吃仕、相，红方取胜难度增大。

注2：以下四局红方双相或双仕作用与本局相同。

第510局　车马双相例胜车单士（2）

如图510，红方先行。

① 车四平六　车5进3
② 马三进四　车5退3
③ 帅五平六

红方出帅准备抢夺黑士。

③……　　车5平6
④ 车六进一　车6平4
⑤ 马四进六（红方胜定）

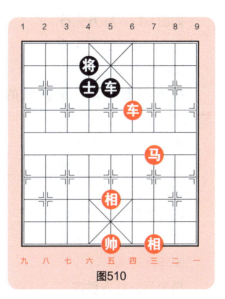

图510

第511局　车马双仕例胜车单象（1）

如图511，红方先行。

① 马三进五　车4进2
② 车四平五　将4平5

黑方如象5退7，则仕五退六，象7进9，车五进三，象9退7，马五进四，象7进5，车五退二，红方吃象胜定。

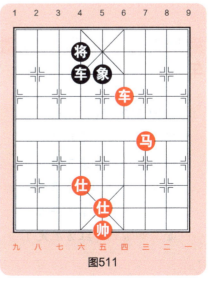

图511

③马五进三　车4退2　④仕五退六　车4平3

⑤马三进五

得象后，红方胜定。

第512局　车马双仕例胜车单象（2）

如图512，红方先行。

①马三进五　车4平7

②车四平五

红方控制中路，是取胜的关键。

②……　　象1进3

③马五进七　车7平3

④仕五退六

红方准备车五平六叫杀。

④……　　象3退5

⑤马七进五

得象后，红方胜定。

图512

第513局　车马双相例胜车单士象

如图513，红方先行。

①车四平六　象9进7

②车六退一　象7退9

③帅五平六　象9退7

④马三进四　车5平6

⑤马四进六（红方胜定）

图513

第514局 车马双仕例胜车双士（1）

如图514，红方先行。

① 马七进五

红方进马后占据进攻制胜点，这是车马胜车双士残局中，红马的关键要点。

① ……　　车6平5

黑方如改走将4平5，则车七进二，士5退4，马五进六，抽吃黑车，红方胜定。

② 车七进二　将4进1

③ 马五进七　车5平3

黑方只能弃车砍马解杀。

④ 车七退三

红方得车胜定。

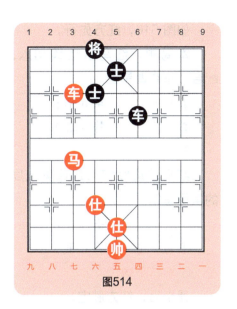

图514

第515局 车马双仕例胜车双士（2）

如图515，红方先行。

① 马四退二　车1平5

② 仕六进五　车5平6

③ 马二进三　将6进1

④ 车三退二　将6退1

⑤ 车三进一　将6退1

⑥ 车三进一（绝杀，红胜）

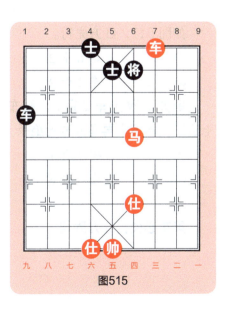

图515

第516局　车马双相例胜车双士（1）

如图516，红方先行。

本局中，红马从边线切入，配合红车夺取黑士。

① 马五进三　车6平5
② 车三退二　将6退1
③ 马三进一

红马从边线切入是这类残局的常用思路。

③ ……　　士5进6
④ 马一进二　将6平5
⑤ 车三平四

得士后，红方胜定。

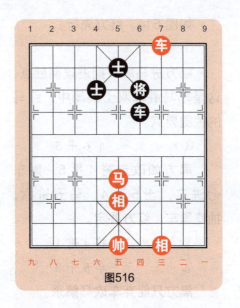

图516

第517局　车马双相例胜车双士（2）

如图517，红方先行。

① 车三平七　车6平2
② 马七退九　车2退2

黑方如改走车2退3，则车七进三，接下来再马九退七绝杀。

③ 车七进三　将4进1
④ 马九进八　士5进6
⑤ 车七平五

黑车必失，红方胜定。

图517

第518局　车马单缺仕例胜车双士

如图518，红方先行。

① 车三退三

红方退车掩护马向弱侧转移。

① ……　　　将6进1

黑方如改走将6平5，则车三进四，士5退6，马六进七，将5进1车三退一，车6退4，马七退六，接下来红方再车三平四得车，胜定；又如改走车6退2，则马六退五，车6平3，车三进四，将6进1，马五进三，车3平8，仕五退六，黑车不能动，只能弃士，红方得士胜定。

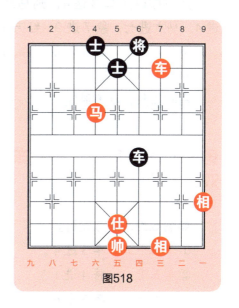

图518

② 马六退四　士5进6　　③ 车三进三　将6退1

④ 车三进一　将6进1　　⑤ 马四进三　将6平5

黑方如士4进5，则车三退一，接下来再车三平五杀。

⑥ 车三平六

得士后，红方胜定。

第519局　车马相例胜车双象（1）

如图519，红方先行。

① 车六进三　将5进1

② 车六退一

红车利用顿挫战术，先手占据下二路线，掩护七路马卧槽。

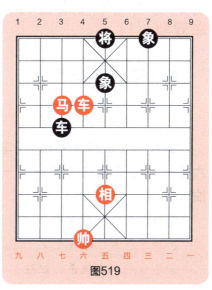

图519

②……　　将5退1　　③马七进九　车3退2

黑方如改走车3退4,则马九进七,将5平6,马七退六,车3进4,马六进七,象7进9,红方车六进一再马七退五吃象胜定。

④马九进七　将5平6　　⑤车六进一　将6进1

⑥车六平三

白吃黑象,红方胜定。

第520局　车马相例胜车双象（2）

如图520,红方先行。

①车九平五　车3进4

②车五进一　将4进1

③车五平三　车3平6

④车三退二

得象后,红方胜定。

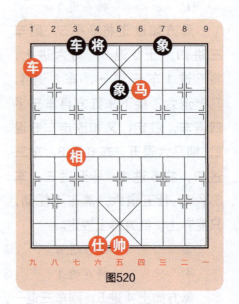

图520

第521局　车马双相例胜车双象（1）

如图521,红方先行。

①车六进二　将6进1

②马七退五　车3进5

黑方如改走车3平5,则车六平一,接下来红方车一退一抽车。

③马五进三　车3平5

④帅五平六　车5平7

⑤车六平四（绝杀,红胜）

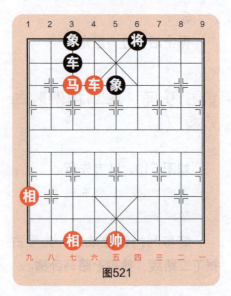

图521

第 522 局　车马双相例胜车双象（2）

如图 522，红方先行。

① 马一退三　象 5 进 7

② 车六平五

红方还有一种取胜方法，即车六退三，将 6 退 1，车六平四，将 6 平 5，车四平七，红方借叫杀的机会白吃底象，胜定。

② ……　　象 3 进 5

③ 马三进五

红方马入车底，取胜的关键之处。

③ ……　　车 7 退 3

④ 相五退三　车 7 平 6

黑方如车 7 平 5 吃马，则车五进一，红方同样可以获胜。

⑤ 车五退一　将 6 退 1　　⑥ 车五平四（绝杀）

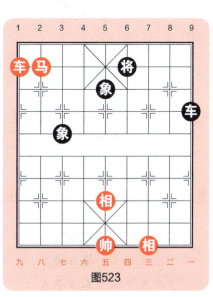

图522

第 523 局　车马双相例胜车双象（3）

如图 523，红方先行。

① 马八进六　将 6 退 1

② 车九进一

红方车马同在一线伏有抽吃中象的手段，这是红方最为常见的取胜棋形。

② ……　　象 5 进 7

③ 马六退五　将 6 进 1

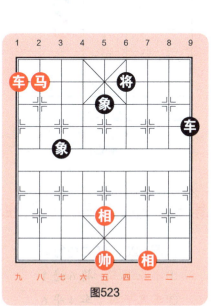

图523

④车九退一　将6进1　⑤马五进六

黑方无法解杀，红方胜定。

第524局　车马双相例胜车双象（4）

如图524，红方先行。

①马三退五　象5进3

黑方如改走车7平8，则马五进七，以后马七进八借叫杀的机会谋子，红方胜定。

②马五进七　车7平3　③车五进一　将4进1

④车五平七

黑车被捉死，红方胜定。

图524

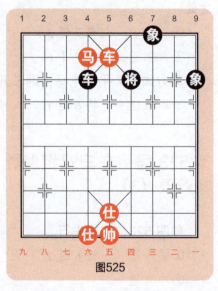
图525

第525局　车马双仕例胜车双象

如图525，红方先行。

①车五退三　将6退1　②仕五进六　象9进7

③车五平四　车4平6　④车四进二（红方胜定）

第526局　车马双相例和车单缺象

如图526，红方先行。

本局中，黑车宫顶线策应边象，不可轻易离线。若红马调至右翼进攻，黑车注意在7路线和9路线的协防，黑方可以守和。

① 车三平二　象9退7

黑方如改走士5退6，则车二平四，士6进5，同样是和棋。

② 帅四平五　车4平5
③ 相三退五　车5平4
④ 马六退四　车4平6
⑤ 马四退二　车6平7
⑥ 马二进一　车7平9（和棋）

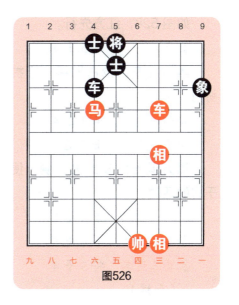

图526

第527局　车马单缺仕例和车单缺象

如图527，红方先行。

本局中，红马吃象后被黑车困住无法摆脱，黑方得以守和。

① 马九进八　士5退4
② 马八进七　车3退1

黑方退车困马是守和要点。

③ 车八平九　士6进5
④ 帅六平五　将5平6
⑤ 仕四进五　将6进1
⑥ 仕五退六　将6退1

（和棋）

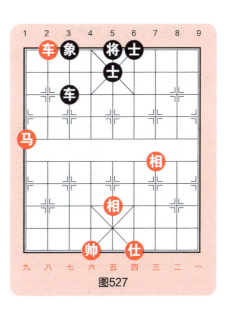

图527

第528局　车马双仕例和车单缺士

如图528，红方先行。

① 车六退二　车3平4

黑方兑车，抢占肋线，守护将门。

② 车六平五　车4进4
③ 马五退四　士5退6

黑方退士到车的另一侧，便于将的活动。

④ 马四退二　车4退2
⑤ 马二进三　士6进5
⑥ 马三进二　将5平4

（和棋）

图528

第529局　车马双相例和车士象全

如图529，红方先行。

本局中，黑车守住将门，即可谋得和棋。

① 车六平七　车2平4

车占将门是黑方守和的要点。

② 马一进二　将5平4
③ 相七进五　车4进7
④ 帅五进一　车4退7

（和棋）

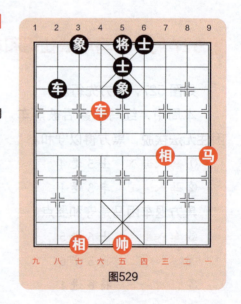

图529

十三、车炮类残局

第530局　车炮双相例胜马单缺士

如图530，红方先行。

本局中，双方物质力量相差悬殊，红方可以用炮换马，也可以利用黑马位置不佳的弱点用炮换掉对方士、象，均可取胜。

① 车七进七　象7进9
② 车七平六　象9进7
③ 炮三平六　象7退9
④ 炮六进八　士5退4
⑤ 帅五平六

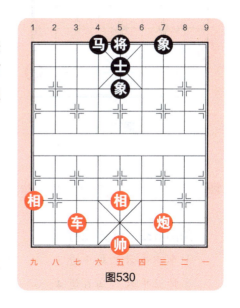

图530

红方用炮换马以后，形成单车例胜单缺士残局，红方胜定。

第531局　车炮双相例胜马单缺象

如图531，红方先行。

① 炮一平四　将6平5　　② 车三平四　马6退4
③ 炮四平五

红方平中炮,准备下一着帅五平四作杀。

③……　　马4退2　　④帅五平四　象7进5

⑤相五退七

红方下一着车四进三,绝杀。

图531

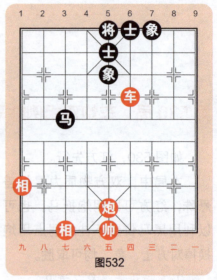

图532

第532局　车炮双相例胜马士象全(1)

如图532,红方先行。

①车四平六　马3进5　　②车六进二　马5退6

③帅五平六　马6退4　　④车六退一(红方胜定)

第533局　车炮双相例胜马士象全(2)

如图533,红方先行。

①车四平六　象3退1　　②炮五平六　将4平5

黑方如改走将4进1,则车六平五捉死黑象,红方胜定。

③炮六进六　士5进4　　④车六进一(红方胜定)

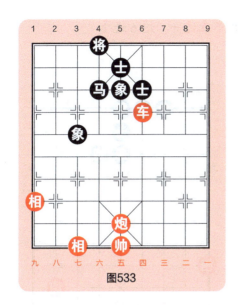

图533

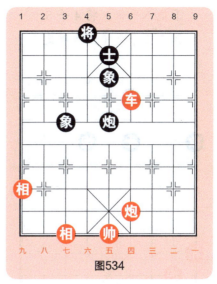

图534

第534局　车炮双相例胜炮单缺士

如图534，红方先行。

① 车四平五　炮5平7　　② 车五退一　炮7退2

③ 车五平六　将4平5

黑方如改走士5进4，则炮四平六，炮7平6，车六平七抽吃黑象，红方胜定。

④ 炮四平五　象3退1　　⑤ 车六平三　炮7平6

⑥ 车三平四　将5平6

黑方如改走炮6平7，则车四进三得士或者车四进二捉双。

⑦ 炮五进七

得士后，红方胜定。

第535局　车炮双相例胜炮单缺象

如图535，红方先行。

① 炮八平六 将4平5   ② 车五进一 炮6进1
③ 车五平六（红方胜定）

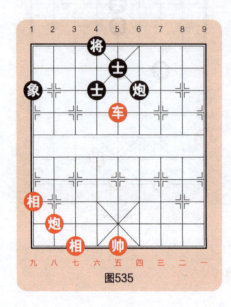

图535

图536

第536局 车炮双相例胜炮士象全

如图536，红方先行。

① 车五平四 象3进1

黑方如改走炮6退2，则炮二平五，象3进1，车四平三，以后车三进三再帅五平四，红方胜定。

② 炮二平五 将5平6   ③ 炮五平四 将6进1
④ 车四平五 炮6平8   ⑤ 车五进一

破象后，红方胜定。

第537局 车炮例和单车

如图537，红方先行。

本局中，黑方车、将占中线，可以守和车、炮的联攻。

①车四进六　将5进1　　②炮九平五　将5平4

此时黑方也可改走车5平4，以下炮五平六，车4退1，车四退四，将5退1，炮六平八，车4平5，和棋。

③车四退三　将4退1　　④炮五退三　将4平5（和棋）

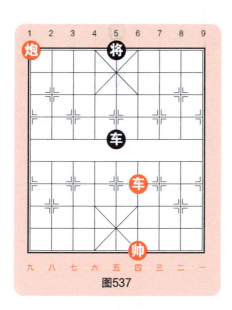
图537

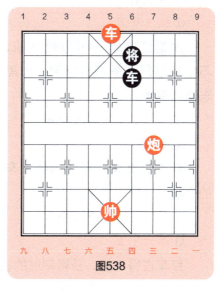
图538

第538局　车炮巧胜单车（1）

如图538，红方先行。

本局中，黑方将、车都在肋线，红方中车、中帅可以利用"海底捞月"杀势取胜。

①炮三进五　车6进2　　②炮三平四

平炮打车是红方取胜的关键，也是实现"海底捞月"杀势的重要一环。

②……　　　车6平4　　③车五退六　车4退2

④车五平四　车4平6　　⑤炮四退二

得车后，红方胜定。

第539局 车炮巧胜单车（2）

如图539，红方先行。

本局中，红方要占据中车、中帅才能取胜。

① 炮三平五

这是红方唯一可胜的战机，巧妙地借用了黑将当炮架，把黑车驱离中线。

① ……　　　将5平6

② 车六退四

红方伏有车六平四叫将抽车的手段。

② ……　　　车5平6

③ 车六平五

红车占得中线，获得制胜的机会。

③ ……　　　车6进2　　④ 帅六平五　　将6退1

⑤ 炮五平三　　车6退3　　⑥ 车五进五

红方胜定。后续取胜思路见上局。

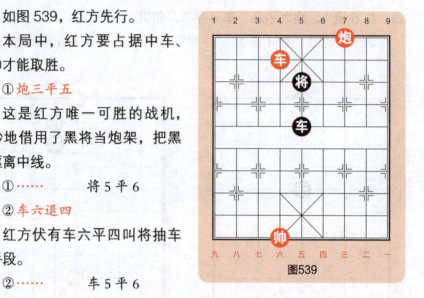

图539

第540局 车炮巧胜单车（3）

如图540，红方先行。

本局中，本局黑车虽占得中线，但受红炮压制，结果被迫退出中线而遭受败局。

① 车二进七　　将6进1　　② 车二平五

红方占据中车，以后利用禁锢手段，把黑车从中路"挤"出去。

② ……　　　将6进1　　③ 车五退一

红方获胜的关键之着，这样可以逼黑车让出中路。

③……　　车5平6

④帅六平五

红方占据中车中帅，取胜的关键。

④……　　车6退3

⑤炮五平六　车6进1

黑方如改走车6平4，则炮六平四，以后红方车五退五可以利用白脸将成杀。

⑥炮六进七

接下来可炮六平四打车，红方胜定。

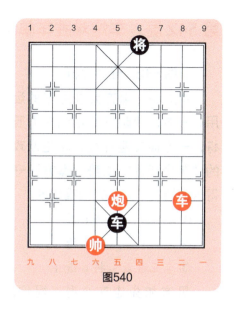

图540

第541局　车炮难胜车单士（右高士1）

如图541，红方先行。

本局中，从棋形上看，黑方车守将门，士在右高士位置这是黑方最佳防守棋形；从防守方法看，黑方不给红炮归底还家的机会，可以守和。

注：车炮占中线对车士是残局中比较常见的。黑方能否守和主要在于士的位置。接下来按右高士、低士以及中士的位置加以区别，分别进行介绍。

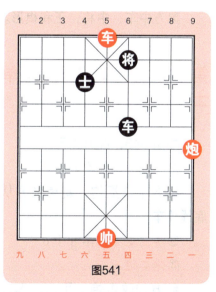

图541

①炮一进五　车6平9

跟着是黑方很重要一着棋，防止红方炮一平四打车，抢占中路。

②炮一平四　士4退5　　③炮四平三　车9平5

④帅五平六　车5平7（和棋）

第542局 车炮难胜车单士（右高士 2）

如图 542，红方先行。

本局中，黑方要注意车的运用。一方面要防守红炮借车力照将，一方面要避开红方车炮联攻的"海底捞月"杀势。黑方防守得当的情况下，红方很难取胜。

① 炮四平二　将 6 进 1
② 炮二平三　将 6 退 1
③ 车五进五　将 6 进 1

黑方如先走车 6 退 1 捉炮，则炮三进五攻士，红方胜定。

④ 车五平六　车 6 退 1
⑤ 炮三进二　车 6 平 5

黑方中车、中将，正和棋形。

图542

⑥ 帅五平六　将 6 平 5

第543局 车炮难胜车单士（右高士 3）

如图 543，红方先行。

① 车五进三　车 6 平 8

黑方平车捉炮，避免红方从底线攻车。

② 车五退七　车 8 平 6
③ 炮二退七

红方如改走炮二平九，黑方守和方法见下局。

③ ……　　　车 6 平 8

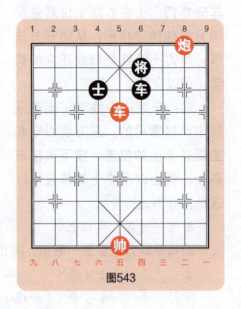

图543

④帅五进一　车8平7

黑方车与士同在一条直线上，如果失去联系，黑方守和困难。

⑤炮二平四

红方如改走车五进二，则车7平6，和棋。

⑤……　　　车7进5

黑方跟住红方车炮，和棋。

第544局　车炮难胜车单士（右高士4）

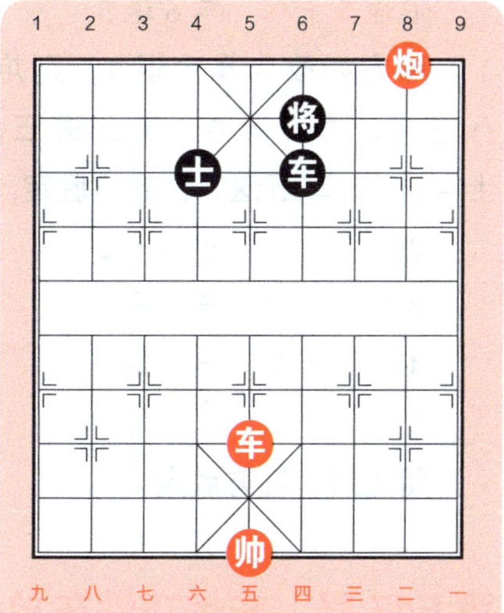

如图544，红方先行。

①炮二平九　将6退1
②炮九平七　将6进1
③车五进七　车6平7
④车五退三　车7平6
⑤炮七退九　车6进5
⑥车五退二　车6退5

（和棋）

第545局　车炮难胜车单士（中士）

如图545，红方先行。

①车六平五　士5进4

黑方通过棋形调整，形成车、右士棋形，守和的关键。

②炮八进五　车6进1
③帅五退一　将6退1
④车五进六　将6进1

图544

图545

⑤炮八进二　车6退1

黑方也可改走车6平2跟炮，和棋。

第546局　车炮巧胜车单士（右底士1）

如图546，红方先行。

①炮五平八　车6退5

黑方如改走车6退1，则炮八进七，车6退4，车五进三，士4进5，车五退一，红方胜定。

②炮八进七　车6平2

③炮八平九　车2平3

④车五进三　车3退2

⑤炮九平六

得士后，红方胜定。

图546

第547局　车炮巧胜车单士（右底士2）

如图547，红方先行。

①车一平五

红车占中策应，助攻中炮接下来到肋线上攻击底士。

①……　车4进4

②炮五平四　车4退4

③车五进三　车4进1

黑方如改走车4平6，则炮四平六，车6退4，炮六进七得士，红方胜定。

④炮四进七

捉死黑士，红方胜定。

图547

第 548 局　车炮巧胜车单士（右底士 3）

如图 548，红方先行。

本局中，黑车位置不佳，红方有巧胜的机会。取胜思路是红方借助帅的"遥控"，配合车、炮谋士制胜。

① 帅五平四　车 1 进 7
② 帅四退一　车 1 平 5
③ 车四平五　士 4 进 5
④ 车五进二　将 5 平 4
⑤ 车五进二

黑车必然要离开中线，这样以后红方帅四平五，可以利用海底捞月杀法取胜。

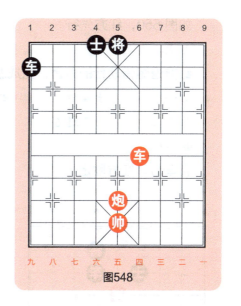

图548

第 549 局　车炮巧胜车单士（中士）

如图 549，红方先行。

① 炮七进七　车 8 进 7
② 帅五退一　车 8 进 1
③ 帅五进一　车 8 平 3
④ 车六进二　车 3 退 1
⑤ 帅五退一　将 5 平 6
⑥ 车六平五

得士后，红方胜定。

图549

第550局 车炮仕例胜车单士

如图550，红方先行。

①炮二退九

红方退炮借助仕的力量，完成肋线照将，把黑车从肋线赶开。

| ①……   士4退5 | ②炮二平四   车6平9 |
| ③车五平四   士5进6 | ④车四进一   将6平5 |

⑤车四平一

得车后，红方胜定。

图550

图551

第551局 车炮相例胜车单士

如图551，红方先行。

| ①炮八进七   车6进7 | ②帅五进一   车6退4 |

③车五进一

黑士被捉死，红方胜定。

第 552 局　车炮仕例胜车双士（1）

如图 552，红方先行。

本局中，红方有仕助攻，可以与黑方兑车，形成炮仕例胜双士（单士）的残局。

① 车六平一　将 6 平 5
② 炮四平五　将 5 平 6
③ 车一进四　将 6 进 1
④ 炮五平四　士 5 进 4

黑方如改走车 5 平 4，则帅六平五，士 5 退 4，车一平五，车 4 进 2，车五退二，捉死黑士，红方胜定。

⑤ 车一退一　将 6 退 1　⑥ 车一退一

捉死黑士，红方胜定。

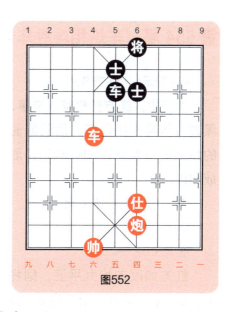

图552

第 553 局　车炮仕例胜车双士（2）

如图 553，红方先行。

① 车七退三　车 1 进 5
② 车七平五　士 6 进 5
③ 仕五退六　车 1 平 3
④ 炮五退一

红方退炮生根是取胜的关键。

④ ……　　　车 3 平 6

黑方如改走车 3 平 4，则车五平六，车 4 平 5，车六平四，与主变思路相同。

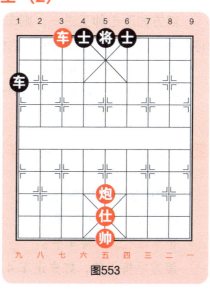

图553

⑤车五平四　车6平5　⑥帅五平四（红方胜定）

第554局　车炮相难胜车双士（1）

如图554，红方先行。

本局中，红方孤相难以成事，黑方可以用车抓住红方后防薄弱的特点进行牵制，伺机吃相，形成和棋。

① 车三进七　车6退6
② 车三退三　车6进8
③ 炮九退一

图554

红方如改走炮九平五，则将5平6，车三退六，士5进6，相五进三，将6进1，和棋。

③ ……　　　车6退1

捉相是黑方守和的关键。

④ 车三平五

红方如改走帅五进一，则车6进2，炮九进二，车6平4，以后将5平4时不给红方肋线照将的机会。

④ ……　　　车6进1　⑤炮九平六　将5平6
⑥ 炮六进二　车6退3（和棋）

第555局　车炮相难胜车双士（2）

如图555，红方先行。

① 帅五平四　将5平4　② 炮五平六　车5平4
③ 车四退二　将4平5

黑方平将正着，如先走车4进2，则车四平一，将4平5，车一进七，士5退6，车一平四，红方带将吃士再车四退七，红方胜定。

④帅四平五

红方如改走车四平一，则车4平3，相七进五，车3进3，炮六退一，士5进6，炮六平五，将5平4，和棋。

④……　　车4进2
⑤炮六平五　车4平5
⑥车四平二　将5平4
　（和棋）

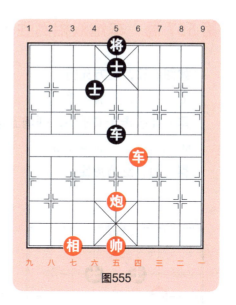

图555

第556局　车炮相难胜车双士（3）

如图556，红方先行。

本局中，黑方双士各占一侧，随时策应黑方车、将，红方同样难以取胜。

①炮七进二　车4进1
②帅四进一　车4退4
③车一进七　将4进1
④车一退一　将4退1
⑤车一退二　将4进1
⑥车一平五　将4退1
　（和棋）

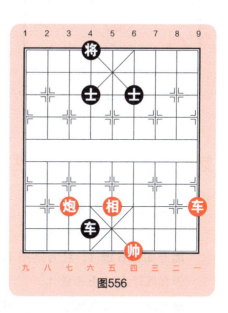

图556

第557局 车炮双相例胜车双士（1）

如图557，红方先行。

① 炮八平五　将5平4　　② 车七平六　将4进1

黑方如改走士6退5，则炮五进七，红方得士胜定。

③ 炮五平六　将4平5　　④ 车六进一

得士后，红方胜定。

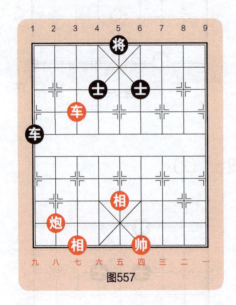

图557

图558

第558局 车炮双相例胜车双士（2）

如图558，红方先行。

① 车四平五　车2平6　　② 炮四退二　车6进2

黑方如将6退1，红方则用车杀士。

③ 相五退七　士5进4　　④ 车五进三

露帅助攻，以车破士，红方胜定。

第559局　车炮双仕例胜车双士

如图559，红方先行。

① 车七进二　将4进1
② 炮五平六　车2进4
③ 帅六进一　车2退1
④ 帅六退一　车2退6
⑤ 车七退七　士5退6
⑥ 炮六进七

得士后，红方胜定。

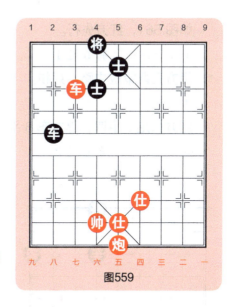

图559

第560局　车炮例和车单象（1）

如图560，红方先行。

① 车五进四　将6进1
② 炮九平二　象9进7

黑方飞象是至关重要的一着棋，以后可以起到掩护作用。

③ 车五退一

红方如炮二进四，则车6进2，帅五进一，车6退7，车五平六，车6平5，黑车占据中路，和棋。

③ ……　　将6退1
④ 车五退三　车6退5
⑤ 炮二进一　车6进4

红车如杀象，则车6平5占中，和棋。

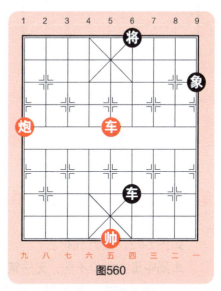

图560

第561局　车炮例和车单象(2)

如图561，红方先行。

① 车五进一　将6进1　　② 炮二进四　象9进7

黑方飞象策应中路，好棋。

③ 车五平六

红方如炮二平四，黑方车6平5兑车，和棋。

③ ……　　　车6进2　　④ 车六平五　车6退2（和棋）

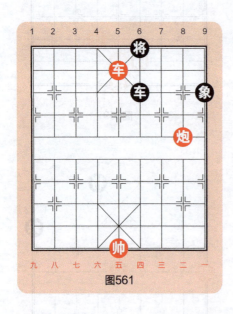

图561

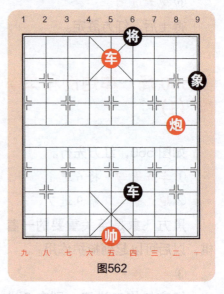

图562

第562局　车炮巧胜车单象

如图562，红方先行。

本局中黑方象位不佳，无法策应中路，红方可以利用海底捞月杀势，把黑车从肋道驱离，红方借此利用白脸将杀势，谋象或杀将而获胜。

① 车五进一　将6进1　　② 炮二进四　车6进2

③ 帅五进一　车6退1　　④ 帅五退一　象9进7

⑤ 炮二平四　车6平7　　⑥ 车五退四（红方胜定）

第 563 局　车炮相例胜车单象

如图 563，红方先行。

① 炮二进二　车 4 进 2　　② 帅五进一　车 4 退 1
③ 帅五退一　象 7 进 5　　④ 炮二平六　车 4 平 1
⑤ 车五退一　将 4 退 1　　⑥ 车五退一（红方胜定）

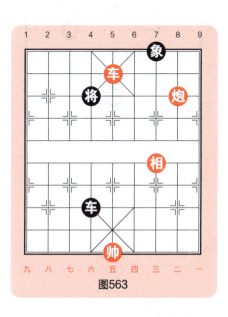
图563

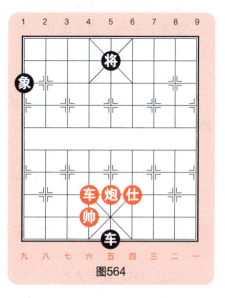
图564

第 564 局　车炮仕例胜车单象

如图 564，红方先行。

① 炮五退一　车 5 平 6　　② 车六平五　将 5 平 6
③ 炮五退一　象 1 进 3　　④ 帅六退一　将 6 退 1
⑤ 仕四退五　车 6 退 5　　⑥ 车五平四

兑车后，形成炮仕必胜单象的局面。

第565局　车炮仕例胜车双象（1）

如图565，红方先行。

本局中，红方车、炮要想办法白吃一象或弃士得双象，然后红方车炮再占中路方能取胜。

① 车六进五　将5进1
② 车六退四　象7退9
③ 车六平一　象9退7
④ 车一平三　将5平6

黑方如改走车5进1吃炮，则帅六平五，黑象不能吃车，红胜。

⑤ 车三进四　车5平6
⑥ 车三退九（红方胜定）

图565

第566局　车炮仕例胜车双象（2）

如图566，红方先行。

本局中，红方要牵制黑车在中线，并摧毁其双象联防。

① 车四退六　车5退1
② 车四平七　将5平6

黑方如改走将5退1，则车七进四，象1进3，车七进二，将5进1，车七退四，红方胜定。

③ 车七进五　将6退1
④ 车七平五

车占中心时，必须注意双象的位置，否则黑方车5平4照将

图566

后，车4进3跟炮，红方想取胜就要多费一番周折。

④……　　车5平4　　⑤帅六平五　车4进3

⑥车五退一（红方胜定）

第567局　车炮双相例和车双象

如图567，红方先行。

本局中，黑车守护将门，红方车炮无仕难以取胜。

① 车二退三　将6进1
② 车二平六　将6退1
③ 炮五平八　车6退1
④ 炮八进七　象3进1
⑤ 车六进六　将6进1
⑥ 车六退二　象1进3

（和棋）

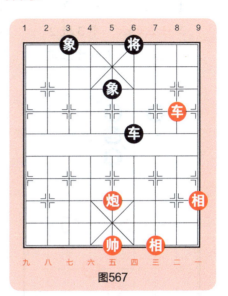

图567

第568局　车炮双相巧胜车双象

如图568，红方先行。

本局中黑方车、象受牵，红方有巧胜的机会。

① 车二平四　将6平5
② 车四进一　车5退1
③ 帅五平四　车5进1
④ 车四进二　将5进1
⑤ 车四平七（红方胜定）

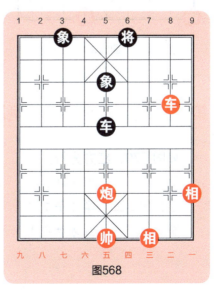

图568

第569局 车炮单缺相例胜车单缺士

如图569，红方先行。

红方用仕作炮架，车炮进攻，逼象破士，一举获胜。

注：本局红方无相同样可以取胜。

① 炮九平五　车5平3　　② 车六进四　车3退2

③ 仕五退六　车3进2　　④ 车六平五　将5平6

⑤ 炮五进一（红方胜定）

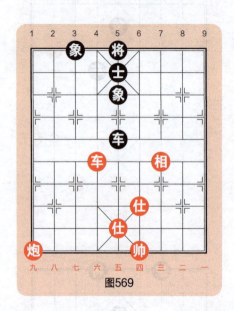

图569

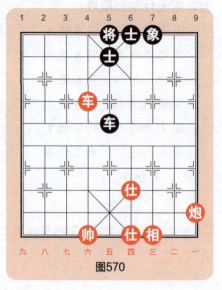

图570

第570局 车炮单缺相例胜车单缺象

如图570，红方先行。

① 炮一平五　象7进5　　② 炮五退一　车5进2

③ 仕四退五　车5平7　　④ 炮五进七　士5进4

⑤ 车六进一（红方胜定）

第 571 局　车炮仕相全例和车士象全

如图 571，红方先行。

车炮仕相全对车士象全一般难胜，主要原因有二：一是黑方可用车跟住炮，必要时以车兑炮，成士象全守和单车形式；二是黑方可布成顺士象之势，用车占住将门，即如本局，红方则不胜。即使红炮在九路底线，再用车照将时黑方可垫车，以底象走闲，丢车换炮亦和。

① 炮五平八　车 5 平 2
② 炮八平五　车 2 平 5
③ 车四进二　车 5 进 1（和棋）

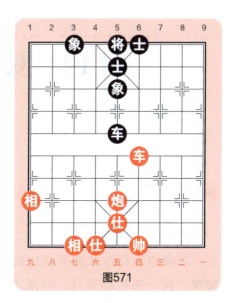

图571

第 572 局　车炮仕相全巧胜车士象全

如图 572，红方先行。

① 车六平三　车 2 进 7
② 炮五进二　车 2 进 2
③ 帅六进一　车 2 退 6
④ 车三进四　车 2 平 4
⑤ 仕五进六　将 5 平 4
⑥ 车三退七

黑方失了一象，形成车炮仕相全必胜车单缺象局面，红方胜定。

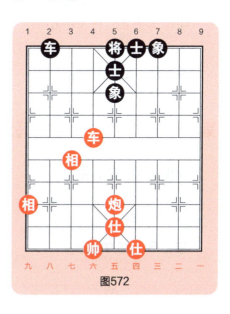

图572

十四、双车类残局

第573局 双车例胜双马双士（1）

如图573，红方先行。

本局中，红方取胜思路比较简单，用一车控制双马，再用另一车蹩住马腿，然后待机谋马或利用对方双士不能走动谋士取胜。

① 车八进六　士5退4
② 车二进四　士6进5
③ 车二平五　将5平6
④ 车五进一

得士后，红方胜定。

图573

第574局 双车例胜双马双士（2）

如图574，红方先行。

① 车四进二　士5退4　② 车八平五　士4进5
③ 车五进四　马6退8　④ 车四进二

破士后，红方胜定。

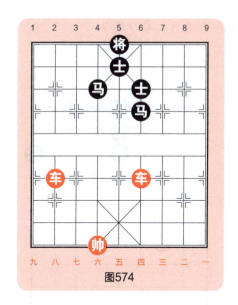
图574

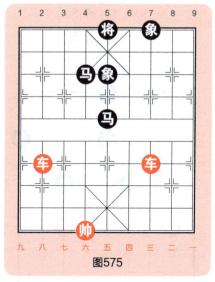
图575

第575局　双车例胜双马双象（1）

如图575，红方先行。

① 车三进五

红方进车随时准备占据宫心并伏有车三平六叫杀的手段。

① ……　　马5退3

黑方如改走象7进9，则车三平六！红方胜定。

② 帅六平五　将5平4　　③ 车八平四　马3进5

④ 车四进六　马4退5　　⑤ 车三平五　马5退6

⑥ 车四退二

得马后，红方胜定。

第576局　双车例胜双马双象（2）

如图576，红方先行。

① 车八进六　将5进1　　② 车三平二　马4退6

③车八退一　将5退1　　④车二进六　象9退7
⑤车二平三　马5退6　　⑥车八平四（红方胜定）

图576

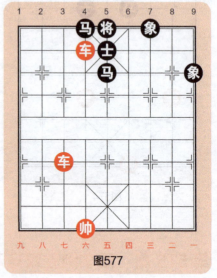
图577

第577局　双车例胜双马单缺士

如图577，红方先行。

①帅六平五　象9进7　　②车七平二　象7退9
③车二进五　士5退6　　④车二平三　象9进7
⑤车三进一

得象后，红方胜定。

第578局　双车例胜双马单缺象

如图578，红方先行。

①车五进一　士5进6　　②车五平三　马7退9
③车三进三　马9进8　　④车九平六　将5平4
⑤车三平四　将4进1　　⑥车四退二（红方胜定）

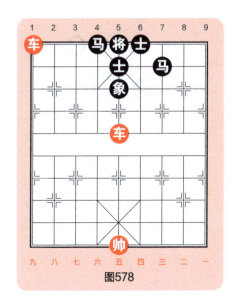

图578

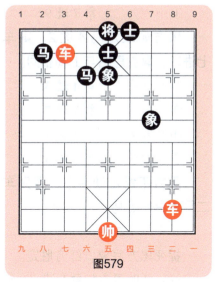

图579

第579局　双车例胜双马士象全（1）

如图579，红方先行。

双车例胜双马士象全，取胜方法是破坏其双象或双马的连环，或者用一车换一马或士象。

① 车二平九　士5退4　② 车九进六　士6进5
③ 车九平八　将5平6　④ 车七退一

红方双车交替掩护，捉死黑马。

④……　　　马4进3　⑤ 车八进一

得马后，红方胜定。

第580局　双车例胜双马士象全（2）

如图580，红方先行。

① 车七退一

红方退车准备左车右调的同时，控制黑方4路马。

① …… 象7进9

黑方如改走马4进2，则车七进四，取胜思路与上局相同。

② 车七平二　马4进3
③ 车二进三　象9退7
④ 车六平四　马3进4
⑤ 车四进二　将5平4

黑方不能走动中象，否则车二平六白吃黑马。

⑥ 车二平三

捉死黑方底象，红方胜定。

注：此时黑方如象5进7，红方可以车四进一先弃后取，再车三平六吃掉黑方双马，红方胜定。

第581局　双车例胜双马士象全（3）

如图581，红方先行。

① 帅五平六　象7进9
② 车七进三　马3进4

黑方如改走马3退4，则车七平六，士5退4，车六退一，黑方士或象必失其一，红方胜定。

③ 车七平八　马4退3
④ 车八平六　士5退4
⑤ 车六进一　将5进1
⑥ 车六平四

黑马位置欠佳，无法形成"马三象"的例和棋形，红方胜定。

图581

第582局　双车例胜双炮双士（1）

如图582，红方先行。

① 车二平四　后炮进1　② 车四进二

得士后，红方胜定。

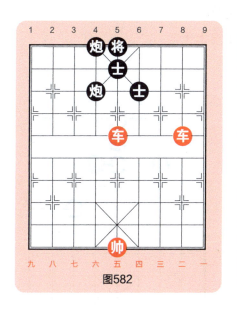

图582

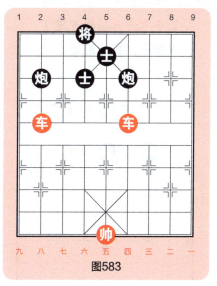

图583

第583局　双车例胜双炮双士（2）

如图583，红方先行。

① 车四平七

红方双车平到同一侧，这样黑方担子炮无法防守。

① ……　　炮2平3　② 车八进四　将4进1

③ 车八退一　将4退1　④ 车七平六　炮6退2

黑方如将6平5，则车六进二吃士，红方胜定。

⑤ 车八平五（红方胜定）

第584局 双车例胜双炮双象

如图584，红方先行。

① 车五平六　　炮3平4

黑方如改走将5进1，则车六进一，象7退9，车七平五，象9退7，车六进四，红方必得一象，胜定。

② 车七进五　　将5进1　　③ 车七平三

破象后，红方胜定。

图584

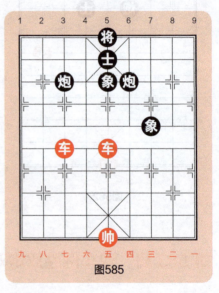

图585

第585局 双车例胜双炮单缺士（1）

如图585，红方先行。

① 车七进二

红方准备接下来平车压象眼。

①……　　炮6平7　　② 车五进一　　炮3平4

③ 车七平四　　士5进6　　④ 车五平三

得象后，红方胜定。

第586局　双车例胜双炮单缺士（2）

如图586，红方先行。

① 车四平九　炮4平1
② 车六平八

红方平车准备以牺牲一车为代价，攻破黑方防线。

② ……　　　象7进9
③ 车九进一　炮6平1
④ 车八进一　士5退4
⑤ 车八退二　象9进7
⑥ 车八平九

形成单车例胜单缺士残局，红方胜定。

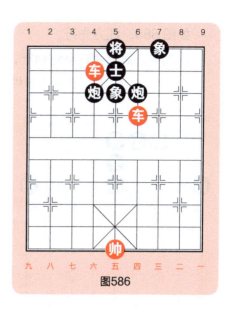

图586

第587局　双车例胜双炮单缺象

如图587，红方先行。

① 车四平七　炮4平3
② 车七平五　象5退7

黑方如改走士5进4，则车五平九，士6进5，车九进三，炮3退2，车九平七，接下来再车七平六，绝杀。

③ 车五平九　炮3退2
④ 车九进三　象7进5
⑤ 车九平七　士5退4
⑥ 车七平六（红胜）

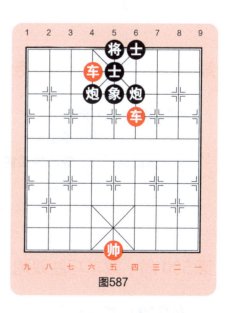

图587

第588局 双车例和双炮士象全（1）

如图588，红方先行。

本局中，黑方用连环炮挡守，使红方双车无机可乘。

① 帅五平四　炮9平6（和棋）

图588

图589

第589局 双车例和双炮士象全（2）

如图589，红方先行。

① 车七平五　炮2退2

黑方形成担子炮，守和的关键。

② 帅四平五　炮7平6　③ 车五平四　炮2平4
④ 车六平八　炮4平2　⑤ 车四平五　炮2平4（和棋）

第590局 双车巧胜双炮士象全

如图590，红方先行。

① 车八进五　炮3平1

黑方如改走炮3平4，则车六进一，士5进4，车八平七，将5进1，车七平四，红方胜定。

② 车六平五　士5退4
③ 车五平三　炮7平5
④ 帅五平四　炮5平6
⑤ 车三进二　炮6进4
⑥ 车三平六　士6进5
⑦ 车八平七

破象后，红方胜定。

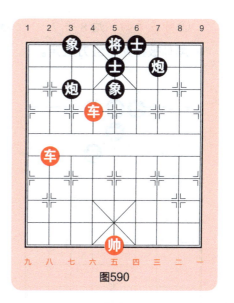

图590

第591局　双车仕相全巧胜双炮士象全

如图591，红方先行。

① 车五平四　士5进6
② 车二退一　将6平5

黑方如改走士4进5，则车二平五，红方速胜。

③ 车二平九　炮1平3
④ 车九平七　炮3平1
⑤ 车七退一　炮4退1
⑥ 车七平九

得炮后，红方胜定。

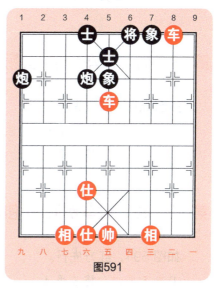

图591

第592局　双车例胜马炮双士

如图592，红方先行。

① 车七进一　炮6平8　　② 车五进二　将5平6

③帅五平四　炮8平7　　④车五退一

黑马被捉死，红方胜定。

图592

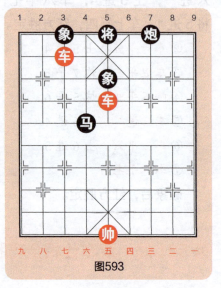

图593

第593局　双车例胜马炮双象

如图593，红方先行。

①车五平三　炮7平6　　②车三进三　马4进5
③车七平四　将5平4　　④车三平四（红胜）

第594局　双车例胜马炮单缺士

如图594，红方先行。

①车三平四　将5平4　　②车四平二

红方平车准备把车运到底线，控制黑方将和士。

②……　　炮6平7　　③车二进一　将4进1
④车二平五

这是红方取胜的要点。

④……　　炮7平6　　⑤车七平六　士5进4
⑥车五退二（红方胜定）

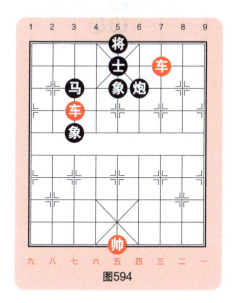

图594

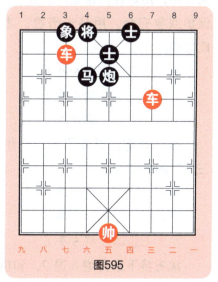

图595

第595局　双车例胜马炮单缺象

如图595，红方先行。

①帅五平六　象3进1　　②车三平八　将4平5
③车八平五　炮5平7　　④车七平六

红方平车塞象眼是取胜的关键，黑马被捉死。

④……　　马4退2

黑方如马4进3，则车六进一，绝杀。

⑤车六平八

得马后，红方胜定。

第596局　双车例和马炮士象全

如图596，红方先行。

本局中，黑方双象连环，一象在中路，另一底象与炮处于不同方向，用炮确保象眼不被塞住，保护双象安全，用马走闲着，才能守和。

① 车七平六　炮6进1
② 车五进一　炮6平4
③ 车五平四　炮4进3

黑方升炮，准备形成"一炮三士"的例和局面。

④ 车四平六　炮4平5
⑤ 车六平七　炮5平6
⑥ 车七进二　将5平6

黑方接下来再炮6退2，和棋。

图596

第597局　双车仕例胜车双士

如图597，红方先行。

① 车八平一　将5平6
② 车一进三　将6进1
③ 车一平六　车6进2
④ 前车平五

红方平车把黑车引到中路。

④……　　车6平5
⑤ 车五平二

以后车二退一强行吃士，红方胜定。

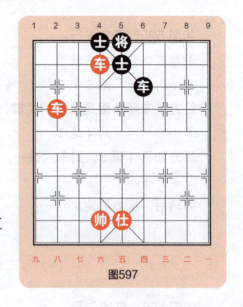

图597

第598局 双车仕例胜车双象

如图598，红方先行。

① 车六进五　将5进1
② 车二进四　车7退1
③ 车二平三（红胜）

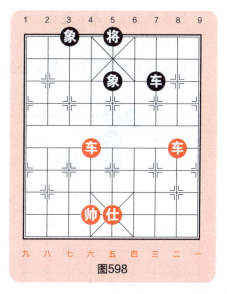

图598

第599局 双车仕例胜车单缺士

如图599，红方先行。

① 车六进四　象5退7
② 车二平七　象3进1
③ 车七进四　车7平5
④ 车七平八

黑方中士已经无法得到充分保护。

④ ……　　车5进1
⑤ 车六平五　车5退2
⑥ 车八进一　象1退3
⑦ 车八平七（红胜）

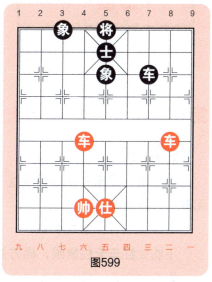

图599

第600局 双车仕例胜车单缺象

如图600，红方先行。

① 车六平三　车7平6　　② 车二进五　士5退6
③ 车三平六　士4进5

红方通过双车的调运把黑车留在"背士"的一边。

④ 车二退五　车6进2　　⑤ 车二平五　车6退2
⑥ 车六进四

以后红方车五平八，黑士必失，红方胜定。

图600

图601

第601局　双车例和车士象全

如图601，红方先行。

本局中，黑车要在三路横线上保护双象，或平士角兑车，黑将走闲着，即可成和。

① 车二平四　车7平6

不能让红车卡住象眼，黑方兑车及时化解双象的危机。

② 车四平三　将5平6

黑车不宜走动时，运用将走闲着。

③ 车五平八　将6平5　　④ 车八进三

红方准备车三进一白吃底象。

④ ……　　　　将5平6　　⑤ 帅五进一　车6进6

黑方如改走将6平5，则车三进一，象5退7，车八平四，红胜。

⑥ 帅五退一　车6退6（和棋）

第602局　双车单缺相巧胜车士象全

如图602，红方先行。

本局中，红方要避免兑车，而想办法白吃对方的士象。

① 车八进五　车4退4

② 车八退二　象5退7

黑方不能走车4进2兑车，否则红方车六进三，接下来再车八平六先弃后取，多得一士，胜定。

③ 车八退二　象7退9

④ 车八平五

红方准备车四进三作杀。

④ ……　　　象7进5　　⑤ 车五进二

得象后，红方胜定。

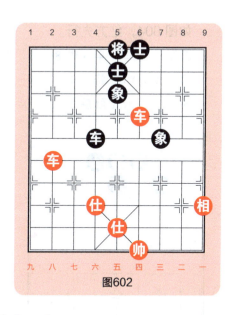

图602

第603局　双车巧胜车士象全

如图603，红方先行。

① 车四平二　车4平5

② 帅五平四　士5退4

③ 车三平四　士4进5

④ 车四平一

得象后，红方胜定。

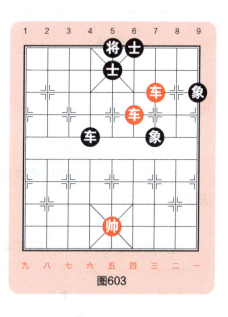

图603

第604局　双车例胜车马双士

如图604，红方先行。

① 车一进三　车3进8　② 帅五进一　马4进3
③ 车五平四　将5平4　④ 车一平四　士5退6
⑤ 车四平六（红胜）

图604

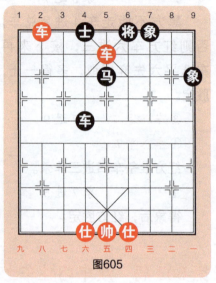

图605

第605局　双车双仕例和车马单缺士

如图605，红方先行。

本局中，黑方马立在中象位置保士，用车守护双象，红方双车无法取胜。

① 车五平二

红方如改走车八平九，则车4进2，双方同走闲着，亦可成和局。

① ……　　　将6平5　② 车八退三　车4平5
③ 仕六进五　车5平7　④ 车八平五　车7退1
⑤ 车五退一　车7退1　⑥ 仕五退六　士4进5（和棋）

第606局　双车仕例和车马单缺象

如图606，红方先行。

本局中，黑方以车马保象，可以守和红方双车的联攻。

① 车六平八　车3进4　　② 车八进五　象5退3

③ 车五平六　车3退4　　④ 车六进四　车3平5

⑤ 仕六进五　车5平3（和棋）

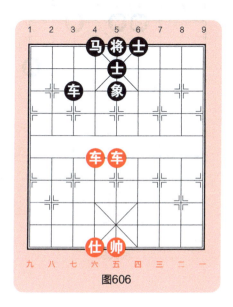

图606

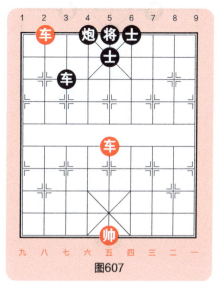

图607

第607局　双车例和车炮双士

如图607，红方先行。

本局中，黑炮守在将的旁边，并用车走应着，红方双车无法取胜。

① 车八退六

红方如改走车五平六，则车3平5，照将解杀，和棋。

①……　　车3平4　　② 车八平二　车4平3

③ 车二进三　车3退1（和棋）

第608局 双车双相例胜车炮双象

如图608，红方先行。

① 车六退二　象7进9　② 相五进七　车3进2
③ 车六平四　将5平4　④ 车四进三　将4退1
⑤ 车五平六　将4平5　⑥ 车六平四（红方胜定）

图608

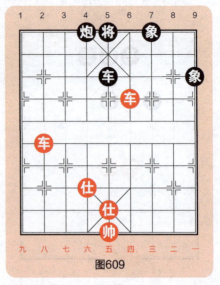

图609

第609局 双车双仕例胜车炮双象

如图609，红方先行。

本局中，红方以帅助战，双车攻黑方底线，使黑炮受到威胁，从而制胜。

① 车八进五　车5平3　② 帅五平四　炮4平3
③ 车四进三

红方得炮胜定。

第 610 局　双车例和车炮单缺士

如图 610，红方先行。

本局中，黑方车护象眼，炮士守底线，红方双车无法构成攻势，可成和棋。

① 车八进一　士6进5
② 车八退一　士5退6

（和棋）

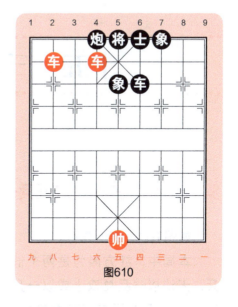

图610

十五、三兵类残局

第 611 局　三兵（双低兵一高兵）例和士象全（1）

如图 611，红方先行。

本局中，红方因为是两个低兵，无法以一兵兑双士或以一兵换一士，无法形成"二鬼拍门"局势。黑方以将保中士，以象走闲着，即可成和。

① 兵五平六　象 3 进 5
② 兵四进一　士 5 退 6
③ 兵六进一　士 6 进 5
④ 兵六进一　将 4 平 5
⑤ 帅五平四　象 3 退 1

（和棋）

图611

第 612 局　三兵（双低兵一高兵）例和士象全（2）

如图 612，红方先行。

守和要领：以将制兵，以士保中心，以象走应着，即可成和。

① 兵七进一

红方如改走兵七平六，则象1进3，后兵平五，象5进7，兵五平四，由于红方一兵无法换得双象或双士，同时不能掩制要道，终成和局。

① ……　　　象1进3
② 兵七进一　象3退1
③ 兵六进一　士5退4
④ 兵七平六　象1进3
⑤ 兵六进一　象3退1
（和棋）

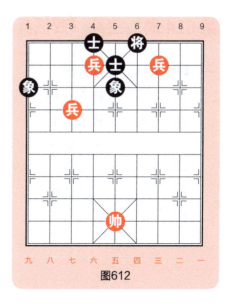

图612

第613局　三兵（双低兵一高兵）巧胜士象全（1）

如图613，红方先行。
① 兵四进一　将6退1
② 兵四进一　将6平5
③ 兵四平五　士4进5
④ 帅四平五　象3退5
⑤ 兵三进一　象7退9
⑥ 兵三平四（红方胜定）

注：双低兵一高兵对士象全的胜和关系要看双低兵的位置，本局红方双低兵分占两翼，并且三路兵可以掩护四路兵从肋线攻入九宫，红方可以取胜。

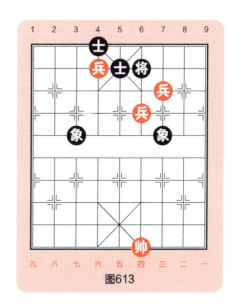

图613

第614局 三兵(双低兵一高兵)巧胜士象全(2)

如图614，红方先行。

① 兵七进一　将5平6
② 兵七平六　将6进1
③ 前兵平五　象7退9
④ 兵四平三　象5进7
⑤ 兵三进一　象7退5
⑥ 兵三进一（红胜）

图614

十六、马双兵类残局

第615局　马双兵必胜士象全

如图615，红方先行。

① 兵三平四　　将6平5
② 马三进二　　象7退9
③ 兵四进一　　士5退6
④ 马二退四（红胜）

红方先用兵塞象眼，形成"二鬼拍门"之势，然后弃兵用挂角马杀。

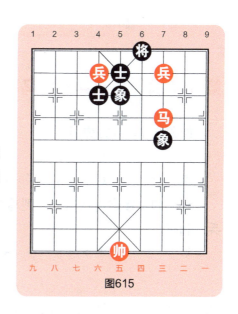

图615

第616局　马双兵（双仕）例胜马单缺士

如图616，红方先行。

① 马六进七　　将4进1　　② 马七进八　　将4退1
③ 兵五平六　　象7进9　　④ 兵六进一　　马5退4

黑方如将4平5，则兵六进一，象3退5，红方可兵六平五再马八退七，红胜。

⑤ 马八退七　　将4进1　　⑥ 兵四平五（红胜）

图616

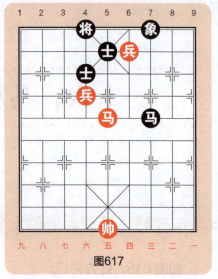
图617

第617局　马双兵必胜马单缺象（1）

如图617，红方先行。

① 马五进六　马7进5　　② 兵四平五　马5退4

③ 马六进八　马4退3　　④ 帅五进一

红方如直接走马八退七，则马3进5兑马，以后黑方用马控制中兵，和棋。

④……　　　　象7进9　　⑤ 马八退七（红方胜定）

第618局　马双兵必胜马单缺象（2）

如图618，红方先行。

① 兵三进一　将6平5　　② 马三进二　象7退5

黑方如马5退6，则兵三平四，红胜。又如象7退9，兵三平四，士5退6，马二退四，红胜。

③ 兵三平四　士5退6　　④ 马二退四（红胜）

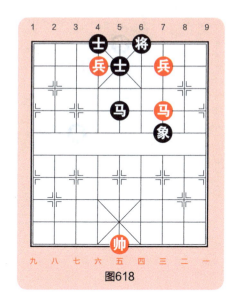
图618

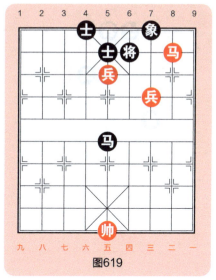
图619

第619局　马双兵必胜马单缺象（3）

如图619，红方先行。

① 兵三进一　马5退4　② 兵五平四　马4退6
③ 兵三进一　将6退1　④ 兵三进一　将6进1

黑方如改走将6平5，则兵三平四杀。

⑤ 马二退三（红胜）

第620局　马双兵例和马士象全（1）

如图620，红方先行。

① 帅六平五　象3退1　② 马三退四　象5进3
③ 兵六平七　马6进5　④ 马四进三　象3退5
⑤ 帅五平四　象1进3　⑥ 兵七平六　马5退6（和棋）

马士象全除了组成联防之外，黑方用马兑掉一兵，也可以走成和棋。

图620

图621

第621局　马双兵例和马士象全（2）

如图621，红方先行。

黑马必须守住象眼，使红双兵不能拍门，如果一个象眼被红兵占据，也要控制住另一个兵，使其不能进入九宫，即可成和。

① 兵七平六　　象7退9

黑方如改走马5退4，则马七进六，将5平4！亦和。

② 帅五进一　　象9进7（和棋）

第622局　马双兵例和炮士象全（1）

如图622，红方先行。

黑方守和思路是用炮换兵，转换成马兵难破士象全的形势。

① 帅五平四　　将4平5

正着，黑方如改走炮1平3打双，则兵七平六，将4平5，马七进八，以后红方有兵六进一连杀的手段。

② 兵七平六　炮1退5　　③ 马七退五　士5进6
④ 马五进三　炮1平6　　⑤ 马三进四　士6进5（和棋）

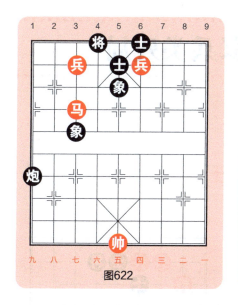

图622

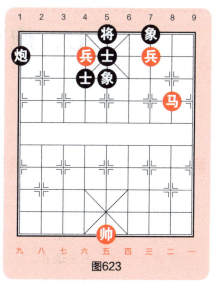

图623

第623局　马双兵例和炮士象全（2）

如图623，红方先行。

① 帅五平四　炮1进5　　② 兵三平四　炮1平6
③ 马二进三　士5进6　　④ 马三退四　炮6退1（和棋）

十七、炮双兵类残局

第624局　炮双低兵例胜双士

如图624，红方先行。

① 兵六平五　士4退5

② 兵七平六　士5退6

③ 炮八进一　将6进1

④ 帅五退一　士6进5

⑤ 兵六平五（红胜）

图624

第625局　炮双低兵例胜双象

如图625，红方先行。

红方的取胜思路是先用炮掩护兵占据九宫中心，双兵并联，然后用炮在兵后驱将，红帅占据中路，再以"兵后炮"攻杀。

① 炮八进一　象9进7　② 兵六平五　象7退9

③ 兵七平六　象9进7　④ 炮八进一　象7退9

⑤ 炮八平五　将5平4　⑥ 帅四平五

红方下一着炮五平六，绝杀。

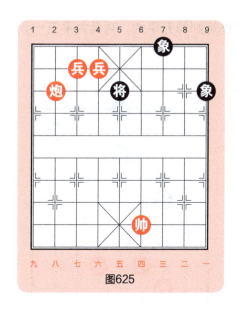
图625

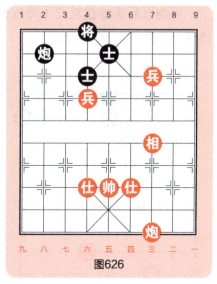
图626

第626局 炮双兵单缺相例胜炮双士（1）

如图626，红方先行。

① 炮三平六　炮2进5　② 仕六退五　炮2平4
③ 兵三平四　炮4进2　④ 兵四进一　炮4退2
⑤ 兵六进一　士5进4　⑥ 相三退一　炮4进2
⑦ 兵四平五

红方以后用炮压缩黑炮空间，最终困毙黑方取胜。

第627局 炮双兵单缺相例胜炮双士（2）

如图627，红方先行。

① 帅六平五　炮9平8　② 兵三进一　炮8平9
③ 兵三平四　炮9进2　④ 兵七平六　炮9平5
⑤ 帅五进一　炮5进2　⑥ 炮七退一　炮5进1
⑦ 炮七平五

平炮以后黑炮被兑死（黑方如逃炮则帅五平六，再兵六平五一兵换双士，胜定），红方胜定。

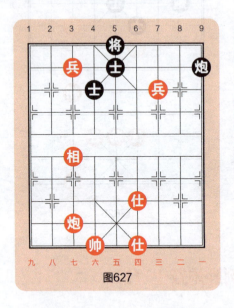

图627

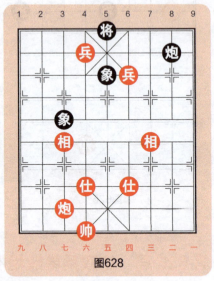

图628

第628局　炮双兵仕相全例胜炮双象

如图628，红方先行。

① 炮七平五　象5进7　　② 兵四平五　将5平6
③ 炮五平四　炮8平6　　④ 兵五平四　炮6进6
⑤ 兵四进一　将6平5　　⑥ 兵四进一（红胜）

第629局　炮双低兵单缺仕例和马士象全

如图629，红方先行。

① 炮五平九　马7进5　　② 炮九进九　士5进6
黑方如象5进3，则兵四平五再兵六进一，绝杀。
③ 兵六平七　士6退5（和棋）

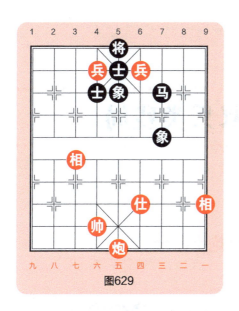

图629

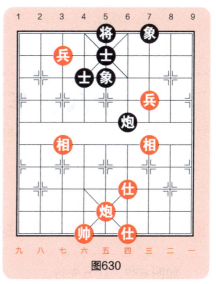

图630

第630局 炮双兵仕相全例和炮士象全（1）

如图630，红方先行。

① 兵三平四　将5平6　② 兵七平六　炮6平4
③ 兵六平五　士4退5　④ 炮五进七　炮4退2
⑤ 炮五平二　将6平5　⑥ 炮二进一　将5进1（和棋）

第631局 炮双兵仕相全例和炮士象全（2）

如图631，红方先行。

① 兵三进一　士5进6
② 帅六平五　将5平6
③ 炮七进二　将6平5
④ 兵三平二　炮9进2
⑤ 炮七平四　炮9平4
⑥ 兵二平三　炮4平9

（和棋）

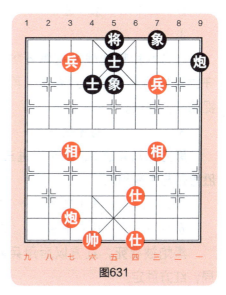

图631

十八、车双兵类残局

第632局　车双高兵例胜马炮士象全

如图632，红方先行。

车、双高兵例胜马炮（或双马或双炮）士象全，常用的战术是兵换双象或者紧逼得子，转换成车高兵对马（或炮）士象全残局。

① 兵五平四　马6退4
② 车五平七　象3进1
③ 车七平六

图632

红方利用顿挫战术把黑方防守位置好的底象调动到高位，再捉肋马，好棋。

③……　　　马4进2

黑方如马4进3，则车六进三，之后再兵四进一、兵三进一，取胜思路与主变相同。

④ 兵四进一　象1退3　　⑤ 车六平五　马2进1
⑥ 兵四进一　炮6平8　　⑦ 车五平二

黑炮被捉死，红方以后用兵换炮，形成车高兵例胜马士象全残局，红方胜定。

第633局 车双兵双仕例胜双马士象全

如图633，红方先行。

注：本局红方无双仕同样可以取胜。

① 车六平二　士5退6　② 兵三平四　士4进5
③ 兵六平五　马3退5　④ 兵四平五　士6进5
⑤ 车二进八　士5退6　⑥ 车二退三

捉死黑马后，红方胜定。

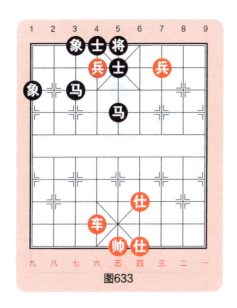

图633

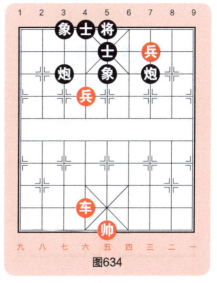

图634

第634局 车双兵例胜双炮士象全

如图634，红方先行。

① 车六平一　炮7平9　② 兵三平四　炮3平2
③ 兵六进一　炮2退1　④ 兵六进一　士5进4
⑤ 车一进六

黑方如续走炮2平6，则红方有车一平五再兵六平五借帅力连续吃子的手段，红方胜定。

第635局 车双兵单缺仕例胜车单士象

如图635，红方先行。

① 相五退三　车7平6　② 兵二平三　车6平8

③ 兵三平四　车8平7

黑方如改走车8进1，则兵六进一，车8平6，车八平五，接下来再兵六平五，红胜。

④ 仕五进四　车7平8　⑤ 兵六进一

弃车伏兵六平五杀棋，红方胜定。

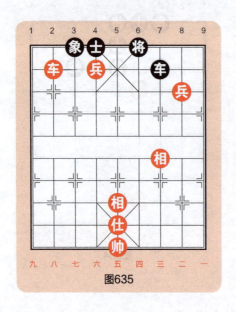

图635

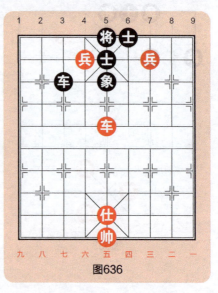

图636

第636局 车双低兵仕例胜车单缺象（1）

如图636，红方先行。

① 车五平八　车3进7　② 仕五退六　车3退9

③ 兵三平四　车3平1　④ 兵四进一　士5退6

⑤ 车八进二　士6进5　⑥ 车八平五（红方胜定）

第637局　车双低兵仕例胜车单缺象（2）

如图637，红方先行。

① 兵三进一　车5退1
② 兵三进一　车5进6
③ 兵三平四　将5平6
④ 车三进四　将6进1
⑤ 车三平六

以后红方虽然丢仕，但是仍可以转换成车低兵例胜车单象残局，红方胜定。

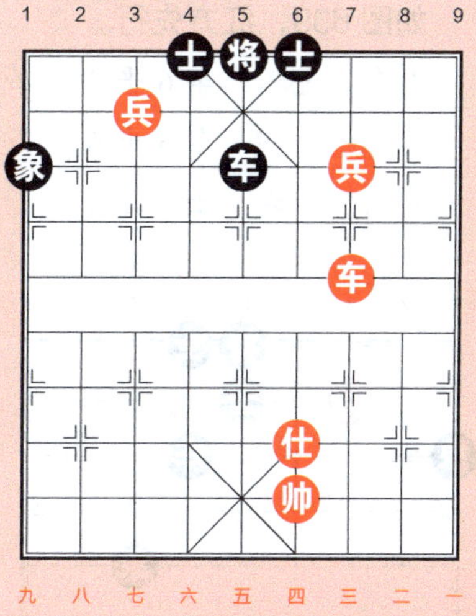

图637

第638局　车双兵仕相全例和车士象全（1）

如图638，红方先行。

车士象全可以守和车双兵，关键是车要在第三条横线上，并正确飞象走应着。

① 兵三进一　象7进5
② 车三进二　象5退3
③ 相五退三　车3平5
④ 兵八平七　象3退1

黑方退成边象连环以后，保证车路通畅。

⑤ 兵七平六　车5平4

当红兵平到肋线，黑方用车把兵捉开。

⑥ 兵六平七　车4平5

黑车再回中路，不给红方露帅助攻的机会，和棋。

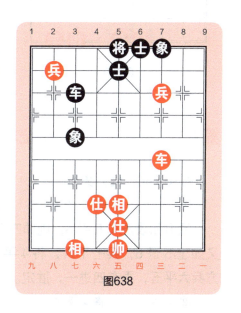

图638

第639局　车双兵仕相全例和车士象全

如图639，红方先行。

① 车二进八　　车6平4　　② 相五退七　　车4平5
③ 帅五平四　　车5平6　　④ 帅四平五　　象7退5
⑤ 兵七平六　　士5进4　　⑥ 相七进九　　象1进3（和棋）

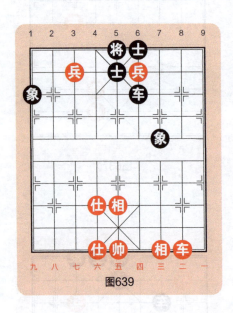

图639

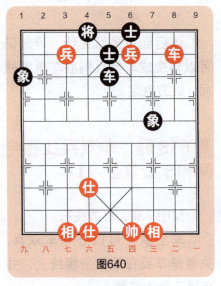

图640

第640局　车双兵仕相全巧胜车士象全

如图640，红方先行。

① 兵四进一　　车5平4

黑方如改走车5平6，则帅四平五，车6退2，车二平五，红胜；又如士5退6，兵七平六，将4平5，车二平四，士6进5，以后红方兵六平五，再车四进一，胜定。

② 兵四平五　　将4平5　　③ 车二进一　　士5退6
④ 车二平四　　将5进1　　⑤ 车四退一　　将5退1
⑥ 兵七平六（红方胜定）

十九、双马兵类残局

第641局　双马兵例胜马士象全

如图641，红方先行。

① 马一进二　象7退9
② 兵四平五　士4退5
③ 马四进三　将5平6
④ 马三退五　马3退5
⑤ 马五退三

破象后，红方胜定。

第642局　双马兵单相例胜炮士象全

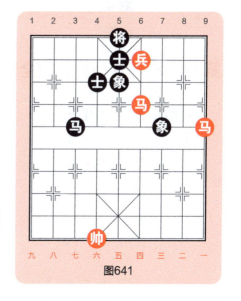

图641

如图642，红方先行。

本局中，红方避免黑炮兑马，要先以双马控制双象，然后以兵兑换双象，形成双马单相必胜炮双士的局面。

① 马四进三　将5平4　② 兵五进一　象3退5
③ 马三进五

形成双马单相例胜炮双士的局面，红方胜定。

第643局 双马兵仕相全例胜炮士象全

如图643,红方先行。

① 后马进六　士5进4　② 马八退六　将5平4
③ 兵四平五　炮5平3　④ 马六进七（红方胜定）

二十、双炮兵类残局

第644局　双炮兵仕相全例胜马士象全

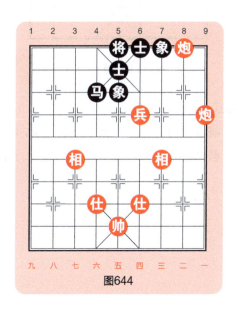

图644

如图644，红方先行。

① 兵四平五　象5进7　　② 炮一进三　象7退9
③ 兵五进一　马4进5　　④ 炮二退九　士5退4

黑方如象9进7，则兵五进一，将5进1，炮二平五，红方胜定。

⑤ 兵五平四　士4进5　　⑥ 兵四进一　象9进7
⑦ 炮二平五

黑方如逃马，则兵四平五，红方胜定。

第645局 双炮兵仕相全例胜炮士象全

图645

如图645，红方先行。

① 炮一进三 将5平4　　② 兵四平五 炮4平3
③ 兵五进一 将4进1　　④ 炮一平三（红方胜定）

二十一、马炮兵类残局

第646局　马炮兵仕相全例胜炮士象全

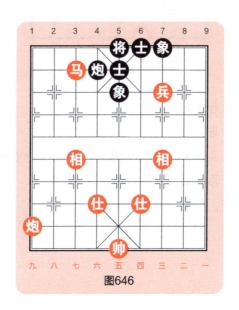
图646

如图646，红方先行。

本局中，红方取胜思路较为简明，用兵换掉黑方一士或一象即可转化成马炮例胜残局。

① 兵三进一　象7进9　② 炮九平六　将5平4
③ 炮六平二　象5退7　④ 兵三进一　象9退7
⑤ 炮二平四

破象以后，红方胜定。

第647局 马炮兵单仕相例胜双马双士

图647

如图647，红方先行。

① 马八退七　马4进3

黑方如改走马4退6，则马七退五，形成马炮胜马双士的局面。

② 马七退五　马3退5　　③ 炮五进二

黑方无着可应，红胜。

二十二、车马兵类残局

第 648 局　车马高兵双相例胜车士象全

如图 648，红方先行。

车马兵有仕相可以攻破车士象全，取胜的思路一是切忌兑车，以免被转换成马兵难胜士象全，二是运子取势，逼将外出，或破其士象再构成杀势，三是用兵换双象或马兑双士弈成两种例胜的棋形（车马可胜车双士，车高兵能破车单士象或车双象）。

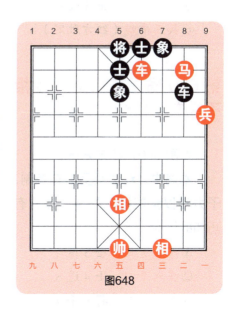

图648

① 帅五平四　将5平4
② 马二进四　将4平5
③ 车四退二　士5进6
④ 兵一平二　车8平9
⑤ 车四平九　将5平6　⑥ 车九进三　将6进1
⑦ 车九平三

由于黑方士、象位置欠佳，红方可以取胜。

第649局　车马高兵双仕例胜车士象全

如图649，红方先行。

① 马八进七　将5平6
② 车六平八　车5平4
③ 兵三进一　车4退3
④ 马七退六　将6平5
⑤ 马六进四

红方用马兑双士，精彩之着，由此奠定胜局。

⑤……　　　士5进6
⑥ 兵三平四（红方胜定）

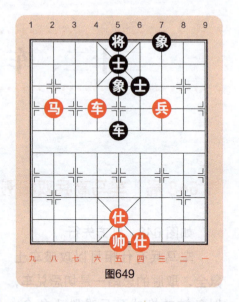
图649

第650局　车马高兵双相不胜车士象全

如图650，红方先行。

本局中，红边兵受黑车牵制，子力难以全部投入战斗，黑方有巧和的机会。

① 车八进四　士5退4
② 车八平四　士4进5
③ 车四退二　将5平4
④ 车四平一　将4平5
⑤ 兵一进一　象7退9
⑥ 车一进四　象5退3

至此形成车单缺象守和车马的局面，和棋。

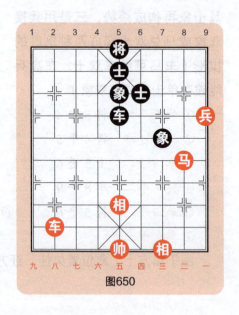
图650

二十三、车炮兵类残局

第651局　车炮兵仕例胜车士象全（1）

如图651，红方先行。

① 炮五平八　　象3退1　　② 炮八进九　　象1退3
③ 车四进四　　车9平6　　④ 兵六平五（红胜）

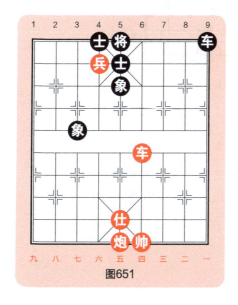

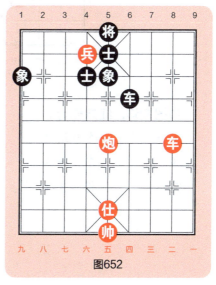

第652局　车炮兵仕例胜车士象全（2）

如图652，红方先行。

①车二进五　车6退3　②车二退一　车6平7
③炮五进四　车7进9　④仕五退四　将5平6
⑤炮五平四　象1进3　⑥炮四退六（红方胜定）

第653局　车炮兵仕相全例胜车士象全

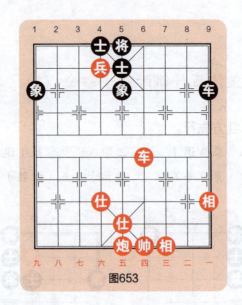

图653

如图653，红方先行。

①仕五退六　车9退2　②车四进四　车9平7
③炮五进一　车7平8　④车四平五　士4进5
⑤兵六平五　将5平4　⑥炮五平六（红胜）